冯梦龙逝世370周年纪念会

苏州市冯梦龙研究会会员大会

孙武智慧与冯梦龙《智囊》国际学术交流会

专家参观冯梦龙故居

研讨会赠书

专家参观冯梦龙农耕文化园

冯梦龙故居

冯梦龙农耕文化园

冯梦龙研究

(第3辑)

吴妤 主编

苏州大学出版社
Soochow University Press

图书在版编目(CIP)数据

冯梦龙研究.第3辑/吴妤主编.—苏州:苏州大学出版社,2017.8
ISBN 978-7-5672-2192-5

Ⅰ.①冯… Ⅱ.①吴… Ⅲ.①冯梦龙(1574-1646)-人物研究②冯梦龙(1574-1646)-文学研究 Ⅳ.①K825.6

中国版本图书馆 CIP 数据核字(2017)第 181339 号

书　　名:	冯梦龙研究(第3辑)
主　　编:	吴　妤
责任编辑:	史创新

出版发行: 苏州大学出版社(Soochow University Press)
社　　址: 苏州市十梓街1号　邮编: 215006
印　　装: 苏州工业园区美柯乐制版印务有限责任公司
网　　址: www.sudapress.com
邮购热线: 0512-67480030
销售热线: 0512-65225020

开　　本: 700mm×1000mm　1/16　印张: 10　插页: 2　字数: 165千
版　　次: 2017年8月第1版
印　　次: 2017年8月第1次印刷
书　　号: ISBN 978-7-5672-2192-5
定　　价: 28.00元

凡购本社图书发现印装错误,请与本社联系调换。服务热线:0512-65225020

《冯梦龙研究》编委会

顾　　　问　王　尧　屈玲妮
主　　　编　吴　妤
副　主　编　李彩男　金巧荣　朱建荣
执 行 主 编　马亚中　徐国源
编委会成员　孙月霞　王建明　侯静秀
　　　　　　张国镇　张新如　侯楷炜
　　　　　　刘爱粉　徐　上

名家新作

毛泽东与《智囊》　　　　　　　　徐中远 / 003

再谈冯梦龙编纂"三言"的创造性艺术贡献
　　——以"三言"中故事发生在苏州地区的几篇小说为例　　王凌 / 015

学术焦点

冯梦龙到麻城原因探析　　　　　　罗卫华 / 027

冯梦龙《新列国志》的史料取舍及其历史演义的创作　　　　　　　　　　张珊 / 031

经典今读

一曲市民道德文化的赞歌
　　——《施润泽滩阙遇友》论析
　　　　　　　　　　　　　　　　陈桂声 / 045

论冯梦龙"情教"观的思想内涵
　　——以《挂枝儿》《山歌》为例
　　　　　　　　　　　　　　　　罗嫦 / 055

明清文化

试论短篇白话小说文体在清代的新变
　　　　　　　　　　　　　　　　董国炎 / 069

晚明著名串客彭天锡考　　　　　　郑志良 / 079

特约稿件

"乡贤"形象的重构与再塑
　　——以20世纪90年代以来的文学乡村叙事为例　　　　　　　　　李静 / 095

乡贤文化的当代价值与践行　　　　季中扬 / 104

传承创新

以古鉴今的循吏精神　　　　　　曹后灵　/ 115

城市化进程中吴歌的生存环境与传承保护

　　　　　　　　　　　　　　　李雪龙　/ 119

"活着"的民间信仰

　　——阳澄湖地区圣堂庙会民俗活动调查

　　　　　　徐国源　谷　鹏等　/ 125

口碑拾零

行走寿宁　　　　　　　　　　　孙月霞　/ 141

学术动态

专家学者齐聚一堂　畅谈孙武智慧与冯梦龙《智囊》

　　——第二届"世界兵圣相城峰会"综述

　　　　　　　　　　　　　　　相　宣　/ 147

2016年福建冯梦龙文化高峰论坛学术综述

　　　　　　　　　　　　　　　齐建冯　/ 150

编后记　　　　　　　　　　　　　　　/ 154

名家新作

毛泽东与《智囊》

徐中远

摘要：由冯梦龙纂辑而成的《智囊》是一部从先秦到明代智慧故事的总集，也是毛泽东晚年很爱读的线装书之一。毛泽东晚年为什么爱读《智囊》？因为读这部书有利于启迪思考、发展智力、增强应变能力，读后使人"变得聪明一些"，也是为了汲取书中的精华，古为今用，还因为书中有不少毛泽东感兴趣的关于用兵打仗、以智克敌制胜的故事。

关键词：冯梦龙；《智囊》；毛泽东；古为今用

《智囊》是一部从先秦到明代智慧故事的总集，由明末著名文学家冯梦龙根据子史经传与笔记丛谈纂辑而成。全书分为上智、明智、察智、胆智、术智、捷智、语智、兵智、闺智、杂智十部二十八卷，所录故事两千馀则。

《智囊》既是一部反映古人巧妙运用聪明才智来排忧解难、克敌制胜的处世奇书，也是中国文化史上一部篇幅庞大的智谋集锦。

《智囊》是毛泽东晚年很爱读的线装书之一。毛泽东在1976年9月9日逝世前身边曾一直放着两部大字线装本《智囊》。这两部《智囊》都是木刻线装本。一部一直放在老人家在中南海游泳池住地的会客厅里。这个会客厅是老人家晚年经常会见外宾的地方，也是他读书学习的地方。也可以说这个会客厅就是老人家晚年的书房，许多他常看的书籍都放在这里。除工作、会见宾客之外，他几乎每天都要在这个会客厅里看书学习。放在会客厅里的这部《智囊》，据说是借章士钊的。这部《智囊》全书分为十四个分册，每个分册的封面都是浅褐色的并由印有花纹的绢装帧。除字较大外，每册装帧也比较讲究一些，薄厚适宜，很适合老年人阅读。

加上原书主人的精心保护，看上去似新的一般。所以，这部书毛泽东很喜欢，一直把它放在身边。另一部放在他卧室床旁的书架上。这部《智囊》，是20世纪50年代工作人员根据老人家的读书需要从北京琉璃厂中国书店购买的。这部书似清代重刻本，字刻得稍小些，全书亦分为十四个分册，每册的封面都是用深蓝色的普通纸装帧的，本子显得有些破旧。这一部与章士钊的那一部相比，无论是装帧式样还是木刻字体及大小等，都显然要逊色多了。

这两部《智囊》，毛泽东晚年都很喜爱，经常阅读。书中大部分故事都作了圈画，许多地方还写有批注文字。据笔者所知，毛泽东晚年读过的图书中，除各种马列著作、二十四史和鲁迅著作外，圈画和批注文字较多的，就要数这两部《智囊》了。从20世纪50年代到60年代，直到生命的最后几年，老人家还时常阅读。特别是从琉璃厂购买的这一部，老人家看得多，画得多，批注得多。由于老人家经常翻看，许多分册的封面都显得很破旧了。

毛泽东晚年为什么还爱读《智囊》呢？笔者理解主要原因有以下几点：

第一，是因为《智囊》这部书读了之后，大多有利于"启迪思考、发展智力、增强应变能力"，读后能使人"变得更聪明一些"。中国卓越出版公司1989年12月出版的《智谋大全》（即《智囊》）的前言中说："明代著名作家冯梦龙（1574—1646）所编著的这本《智囊》，正是我国古典智慧的集大成。此书将先秦至明代各色人物以智取胜的故事千馀则汇为一册，按政治智慧（即上等的智慧）、军事智慧、司法智慧、语言智慧、妇女智慧等分类编撰，共十部二十八卷。书中故事，大多取材于经史典籍，亦有少量采自稗官野史，集中展现了古代中国人在治国安邦、治军用兵、断案决讼、平定动乱、经营产业、为人处事等方面的高度智慧。"关于这本书的特点和书中人物等，这个前言还说："内容丰富多彩、妙趣横生，读之可以启迪思考、发展智力、增强应变能力。书中人物，虽然不乏神奸巨猾的个人，但也有不少德才兼备的贤者，这些人胸怀大志、学贯古今、通达事理，且能出以公心，所以才能扭危局、胜险恶，处事得体。正所谓大聪明者往往是大老实人，大智来源于大度大勇。"这个前言还说:"此书自问世以来,曾得到许多伟人学者的喜爱。1963年1月毛泽东同志曾专门从章士钊先生处借得一套线装《智囊》阅读。"

关于编著《智囊》的目的,原编著者冯梦龙在本书自序中写有这样一段话:有人对我说,"您写《智囊》,打算让别人学习智慧,但智慧是从人的天性中产生的呢,还是从纸上学来的?"冯梦龙回答说:"我前边早就说过这一点,智慧犹如水的样子,藏在地中时是天性,开凿它,使它流露出来,这是学习,开凿出来的井水、涧水,它的用处与江水、河水一样。我担心的是人们天性中的智慧像藏在地下的水那样,被禁锢在土石之下,而不能流露出来,于是就用这些写在纸上的话来当作发掘智慧用的'铁锹'和'土筐',这样做恐怕对于适应世用会有一定的作用吧。"

从上面的介绍中,我们可以知道,《智囊》实际上就是先秦至明代这一时期历史典籍中有关以智取胜的故事汇编。编著者的目的之一在于发掘读者的智慧。书中所收的千馀则故事,读了之后,大多有利于"启迪思考、发展智力、增强应变能力",读后能使人"变得更聪明一些"。毛泽东晚年之所以爱读这部书,还一次又一次地阅读这部书,应当说,这是重要的原因之一。

第二,是为了弘扬祖国传统文化,汲取本书中的精华,并用之指导和服务现实斗争、现实工作。简单地说,也就是为了"古为今用"。我们的祖先曾以自己善于筹谋的聪明才智和百折不挠的追求与实践,创造了光辉灿烂的中国古代文明。如何科学地对待中国古代的优秀文化遗产,毛泽东于1960年12月在对两个外国代表团的谈话中曾作了精辟的阐述。他说:

> 应该充分地利用遗产,要批判地利用遗产。所谓中国几千年的文化,是封建时代的文化,但并不全是封建主义的东西,有人民的东西,有反封建的东西。要把封建主义的东西与非封建主义的东西区别开来。封建主义的东西也不全是坏的,也有它发生、发展和灭亡的时期。我们要注意区别发生、发展和灭亡时期的东西。当封建主义还在发生和发展的时

候,它有很多东西还是不错的。反封建主义的文化也不是全部可以无批判地利用的,因为封建时代的民间作品,也多少都还带有若干封建统治阶级的影响。我们应当善于进行分析,应当把封建主义发生、发展和灭亡时期的文化区别开来,应当批判地利用封建主义的文化,我们不能无批判地加以利用。反封建主义的文化当然要比封建主义的好,但也要有批判、有区别地加以利用。我所了解的是这样,我们现在的方针是这样。至于充分利用它们,我们现在还没有做到。古典著作多得很,现在是分门别类地去整理,重新出版,用现代科学观点逐步整理出来。①

这段言论,是毛泽东对待中国古代文化遗产的根本思想和根本态度。他是这样说的,实际上他在博览卷帙浩繁的中国古代群书时一直也是这样做的。对于这一点,我们从他在阅读《智囊》过程中所写的批语字里行间,也能约略看出一二。

例如,在阅读《智囊》第一部《上智·通简》卷中有关朱博的这一则故事时,对朱博因老从事教唆百姓聚众闹事,而将老从事杀掉的事,毛泽东写了这样一条批语:这个老从事也可以不杀,教以改过,或者调改他职。显然,毛泽东对朱博的这一做法不很赞成,并且很明白地提出了自己的看法。这里毛泽东为什么提出对老从事这个官吏也可以不杀呢?因为朱博本来是个武官,没有做过文官,后来他做了北州刺史,上任时巡视部属,来到一个县。这个老从事为了观察和试探一下朱博的本事,就故意让这个县的数百个官吏和老百姓聚众拦道,并且吵吵嚷嚷,说是要告状。官署、寺庙里也都挤满了人。朱博后来了解到,这幕闹剧是这个老从事故意制造的,所以把他杀了。这个老从事并无其他恶意,只是为了看看朱博的应变能力,也没有因此造成特别重大的损失,所以毛泽东批语说"这个老从事也可以不杀"。如果你朱博对他不信任,毛泽东认为,"调改他职可也",为什么一定非要把他杀掉呢?

---

① 《毛泽东的读书生活》,三联书店1986年版,第200–201页。

还是朱博的这一则故事,书中有一段是这样写的:

  朱博当左冯翊时,长陵大姓中有个叫尚方禁的,年轻的时候强奸别人妻子,被人用刀砍伤了面颊。官府的功曹受了贿赂,没有革除尚方禁,反调他作守尉。朱博听到此事,找了一个借口召见尚方禁,一看他的脸,果然有瘢痕。朱博避开左右的人,问尚方禁:"这是什么伤啊?"尚方禁自知朱博已了解实情,连忙叩头,禀报了事情经过。朱博笑着说:"大丈夫本难免不时有这种事,我想为你洗刷耻辱,你能自己效力吗?"尚方禁又喜又怕,回答道:"万死不辞。"朱博于是命令尚方禁不得向任何人泄露谈话的情况,有机会就记录言论,将他视为亲信、耳目。尚方禁经常破获盗贼、通奸等犯罪活动,很见成效,朱博提升他为连守县县令。很久之后,朱博召见功曹,关上门,一一列举尚方禁等人的事情,对他痛加斥责,给了他纸笔,要他将自己受贿一个钱以上的事情全部写下来,不能有丝毫隐瞒,若有半句欺骗的话,就杀他的头。功曹惶恐万状,就写了所有为奸为贼的事,一点也不敢隐瞒。朱博知道他说的是实话,于是命令他就地听候裁决,要他改过自新。然后拔出刀来将他所写的罪状裁成纸屑,打发他仍然出去就任原职。这功曹后来时常战战兢兢,如履薄冰,尽心尽责,不敢有丝毫差错。朱博就重用了他。

朱博在这里对尚方禁、功曹的做法,毛泽东没有提出疑义,他读后用黑铅笔在这一段文字旁写的批语是:使人改过自效。

第九部《闺智·贤哲》卷有一则"赵威后的卓见"的故事,这则故事说:

  齐王派使者去问候赵威后。使者还没有拿出书信,威后就问道:"齐国的年成好吗?老百姓平安无事吧?齐王身体健康吗?"使者一听,很不高兴地说:"我是奉齐王之命来看望威后的,现在您不先问候齐王,而先问起年成和百姓,怎么先问贱而后问尊贵呢?"威后说:"不对,假如国家没有收成,怎么能养活百姓?假如没有了老百姓,哪里还有君王呢?所以,哪有舍了根本,而先问枝节的啊?"进而她又问使者说:"齐国的於陵子终,他还活着吗?他这个人做人,是上不以臣礼事奉君王,下不治理自己的家庭,中不求跟诸侯交往。这是个引导百姓无所事事的人,为什么至今还不杀了他呢?"

毛泽东读完这则故事,对赵威后主张杀齐国的於陵子终持否定态度。毛泽东认为,像於陵子终这样的人,是不应该把他杀掉的。於陵子终的问题仅是一般的问题,通过教育和改造是可以转化的。

《智囊》第一部《上智·通简》卷中,还有一则韩褒以毒攻毒的故事,故事说:

西魏文帝时,韩褒任北雍州刺史。此州盗贼很多。韩褒到任后,秘密地查访了盗贼的情况,原来都是州里豪富人家的子弟。韩褒表面上装着什么也不知道,对那些人仍然以礼相待。他对他们说:"本刺史是一介书生,哪里知道治理盗贼的事,只有依赖诸位共同分担我的忧虑了。"于是将那些性情凶恶狡猾的少年全部找来,将他们都任命为捕盗首领,每人分片包干,有盗贼行窃而未抓获,就以故意放纵偷盗论处。那些被委以重任的纨绔子弟都惶惶不安,连忙检举说:前次的盗案实际上是某某所干的。将作案人的姓名一一登记在本子上。韩褒将这个本子拿过来藏好,在州府门上贴了一张布告:"凡是盗贼,可以马上来自首,过了本月不来自首的将公开处死,并没收他的妻子儿女赏给先来自首的人。"十天左右,所有的盗贼全部都来投案自首。韩褒将登记簿取来一对,一点不差。因此全部赦免了他们的罪过,允许他们改过自新。从此以后,此州再也没有发生偷盗案。

毛泽东读了这则故事,又用黑铅笔在本页天头上写了"使人改过"四个字的批注。显然,毛泽东对韩衷允许盗贼改过自新的做法是持赞许的态度。

对于有一般过错的人允许其改过自新,并给他们提供机会,帮助他们创造改过自新、重新做人的条件,这是毛泽东一贯的思想和主张。写到这里,我又想到了毛泽东在读《后汉书·陈寔传》时所写的一条类似的批语,这里我也一并介绍给读者。

《后汉书·陈寔传》里记载了这样一个小故事:

> 有一年,收成不好,百姓没粮食吃,小偷也多起来。有个小偷,夜里钻进陈寔家去偷东西,爬在他家的屋梁上,窥测机会,被陈寔发现了。陈寔假装没有看见小偷,只是把家里的子孙召集起来训话。陈寔说:"无论谁都应该知道努力向上。凡是坏人,也未必生下来就不好,不过是被坏习惯染坏了。即如眼前这一位'梁上君子'就是个例子。"那小偷听见,大吃一惊,立刻跳下来向陈寔叩头认罪。陈寔看了看小偷,和颜悦色地说:"看你的样子,也不像是个坏人,应该认真约束自己,改过自新。不过也总是由于贫穷所迫,不能怪你。"随即吩咐取出两匹绢来送给他。据说小偷大受感动,以后就再不盗窃了。

这里,陈寔对小偷注重教化的做法,与毛泽东的思想和主张是一致的。所以,毛泽东读罢这个故事就在本书的天头上写下了一条评语:人在一定条件下是可以改造的。

是的,人在一定条件下是可以改造的,包括一切有过错的人和小偷在内。一有过错就把他杀掉,凡是偷了人家一点东西就说是不可救药的坏人,这种做法和看法都是不足取的。

毛泽东阅读《智囊》和阅读其他古籍一样,总是密切联系现实生活和现实斗争,把古代史书上说的事与现实生活中的事紧紧地联系在一起,并进行比较。读的是古书,想的是今天,为的是今天,以求指导和服务于现实斗争和现实工作。

例如,《智囊》第二部《明智·经务》卷中"责任在谁"这则故事,说的是:

明世宗时,倭寇蹂躏东南沿海,巡抚屡次告急,请求朝廷出兵,兵部尚书根据朝臣徐阶的意见,就发精兵六千人。结果遇到敌人的伏击,军队溃败。当政的人把发兵看成是徐阶的过错。因此,徐阶上疏说:"按法律应该责罚州县的守令。军队的将校负责打仗,州县的长官负责防守,现在军队的将校打仗一旦失利,就要判死刑,而州县的长官平安无事;要是城池陷落,军队的将校又得判死刑,而州县的长官仅是降职。这怎么能起到鼓励和惩戒的作用呢?能够支配百姓的是州县的长官。现在全国当兵的只占一,而当民的占百,我们怎能把打仗和防守的责任都责求军队的将校来完成呢?守令要是辛勤,军队的粮饷必不会缺少;守令要是果断,侦察敌情的探哨必定不会耽误军情;守令要是警惕,奸细就必定无处藏身;守令要是仁爱,乡兵就必定能配合军队作战。所以我认为重责守令就可以了。"

毛泽东读了这则故事,特别是读了徐阶上疏的这番话,对重责守令还是重责军队的将校并没简单地表示肯定或否定的意见,而是首先将旧制度和我们今日的新制度进行一番比较。比较之后,毛泽东认为,明朝的这种制度,"莫如今之军区党委制。党政军民统一于党委"。党政军民都在党委的统一领导下,党是领导我们事业的核心力量,党指挥枪,军爱民,民拥军,党政军民一条心,这是我们的事业不断取得胜利的可靠保证。

说到毛泽东读《智囊》联系实际的事,还要说一下毛泽东读第六部《捷智》总序中的一段话后写下的一句批语。总序中的这段话是这样的:"兵书上有这样的记载,用兵上只听说过虽快而方法却笨拙的,没有听说过用兵缓慢而方法却是巧妙的。用兵快而不巧妙的人,要是拖得时间再长了,必定是方法更加笨拙了。"毛泽东在这段话的旁边写的批语是:"吾见其人矣。"二十多年的戎马生涯,转战南北,艰苦卓绝,赴汤蹈火,流血牺牲,件件往事,历历在目。阅读《智囊》中的这一段话,把毛泽东带到了以往的战争年代,"用兵快而不巧妙的人"等栩栩如生的各种人物自然也都浮现在他老人家的眼前。那么,"吾见其人矣",这个"其人"到底指的是谁呢?只有毛泽东本人最清楚。毛泽东读史书,常常这样与现实斗争紧紧相连。

毛泽东读史书,从不人云亦云,总是开动脑筋,独立思考。早在青年时代,毛泽东就认为,对待古代文化遗产和中西学说,不可不加分析地兼收并蓄,应该有分析,有批判。他在湖南第一师范读书时常对同学说,古人的话、教师的话和一切学者名流的话,不一定都对。我们读书、看报、上课、听讲演,都要开动脑筋,多想一想,对的就接受,不对的应该抛弃,囫囵吞枣的办法最要不得。后来的几十年,在读书治学中,毛泽东一直就是这样做的。毛泽东的这种治学态度,直到晚年在阅读《智囊》的过程中也还时有体现。

例如,《智囊》第七部《语智·辩才》卷"子贡一箭五雕"这则故事的最后有这样两句对子贡评论性的话:子贡真是纵横家的祖师,一点也不像圣贤的门生之作风。子贡是孔子的弟子之一。毛泽东读到这里,对书中的这种说法很不赞成,他说:"什么圣贤门风,儒术伪耳。孟轲、韩非、叔孙通辈,都是纵横家。"又如,《智囊》第六部《捷智·灵变》卷中有这样一则小故事:

> 王羲之小时候很受大将军王敦喜爱,王敦常常把他放在自己的帐子里睡觉。一次王敦先起床,接着钱凤入门来,两人便屏退别人秘密商量谋反,却忘记了还有小孩在帐中睡觉。王羲之当时已醒,听到了他们密谋的事,知道自己性命难保。在千钧一发之际,王羲之急中生智,用手指捅喉部引起呕吐,把自己的脸和被头都弄脏了,并做出睡得很香的样子。王敦他们密谋到一半,才想起王羲之还没有起床,两人都很惊恐地说:"这下子不得不把这个孩子除掉了。"等掀开床帐,见王羲之口里吐出来的东西把被子都弄脏了,确信这个孩子一直在熟睡。这样王羲之才保全了性命。

毛泽东读这则故事时对此有些怀疑,便批注道:"此事似误,待查。"冯梦龙是明代的著名作家,《智囊》从明代流传至今已近350年,对这位大家的作品,毛泽东不迷信,不盲从,针锋相对、毫不掩盖地提出自己的见解,这种对待古代文化遗产的态度和做法是多么值得我们称颂和学习啊!

第三,是因为《智囊》中有不少关于用兵打仗、以智克敌制胜等军事方面的故事,这是引发毛泽东读书兴趣的又一个原因。说到毛泽东读《智囊》,从他在书上圈画和批注的情形来看,最爱读的或者说是最有兴趣的还是第八部(即兵智部)关于用兵的智慧。这个部分为不战、制胜、诡道、武案四卷,共收入119个故事。这些故事,毛泽东都不止读过一遍,差不多都圈画过,许多地方还写了批注。

例如,《制胜》卷中"孙膑的战术"这则故事中,有一段是讲唐太宗谈用兵之道的。原著中大概的意思是,唐太宗曾说:"我从年轻时就筹划天下大事,颇懂得用兵的关键,每次观察敌人的战阵,就可以得知对方力量的强处与弱处。我常用我方的弱兵去对付对方的强兵,用我方的强兵去对付对方的弱兵。对方在战胜了我方的弱兵之后,往往追逐我军不到几百步就止兵不前,因此我方的弱兵并未全军崩溃;而我方的强兵在战胜了对方的弱兵之后,必定要冲到对方战阵的背后,然后转过身来攻打对方,敌人没有不因此而全军崩溃的。"这就是用了孙膑的战术。毛泽东读了唐太宗的这段话,似乎觉得唐太宗说得还不够清楚和全面,因此他写了一段批语,对唐太宗的用兵之道予以发挥和完善,还对唐太宗、朱元璋的军事才能作了一定的评价。毛泽东的批语写道:"所谓以弱当强,就是以少数兵力佯攻敌诸路大军。所谓以强当弱,就是集中绝对优势兵力,以五六倍于敌一路之兵力,四面包围,聚而歼之。自古能军无出李世民之右者,其次则朱元璋耳。"李世民就是唐太宗,朱元璋就是明朝的开国皇帝明太祖。这两位封建帝王都是智谋双全,会用兵、能打仗,具有高超的军事才能。特别是唐太宗,毛泽东曾说过:打仗要像唐太宗那样先守不攻,让敌人进攻,不准士兵谈进攻的事,谈论者杀。待敌人屡攻不克,士兵气愤已极,才下令反攻,攻即胜。这样一可以练兵,二可以练民。在毛泽东的读书批注中，像这样称赞封建帝王的，据我所知，是不多见的。上述毛泽东的批语，把什么叫"以弱当强"，什么叫"以强当弱"，说得更加明白了，这实际上也是毛泽东本人克敌制胜的一条重要的基本的作战经验。

还是在"孙膑的战术"这则故事中，关于如何救赵国的问题，孙膑对田忌说："想解乱丝只能慢慢用手去解开，不能把乱丝整团地握在拳头里使劲拉扯；解劝斗殴只能好好为双方分解，不能往相持很紧的双方身上使劲打。要避开敌人力量充实的地方，冲击他们势力虚弱之处，在形势上控制住他们，这样做，敌人的包围自己就解开了。现在魏国和赵国互相攻战，魏国的精锐部队必定全都在国外打仗，留下无战斗力的老弱残兵在国内防守。您不如带兵迅速赶到魏国国都大梁，冲击它力量薄弱之处，那魏国必定会放下赵国，回来解救本国的围困，这样我们一下子为赵国解了围，又可以拖垮魏国。"田忌听从了他的意见，魏军果然离开了赵国的国都邯郸，同齐军在桂陵（今河南长垣县西南）打了一仗，齐军大败魏军。孙膑这一攻魏救赵的战术，毛泽东倍加赞赏。读了孙膑说的这段话，毛泽东非常高兴地在这段文字旁边用黑铅笔写道："攻魏救赵，因败魏军，千古高手。"这里毛泽东称赞孙膑是"千古高手"，这是多么高的评价啊！

关于孙膑攻魏救赵的战术，毛泽东早在1938年5月写的《抗日游击战争的战略问题》这篇文章中就曾引用过。在这篇文章中，在谈到游击战争战略防御时，毛泽东写道："在反围攻的作战计划中，我之主力一般是位于内线的。但在兵力优裕的条件下，使用次要力量（例如县和区的游击队，以至从主力中分出一部分）于外线，在那里破坏敌之交通，钳制敌之增援部队，是必要的。如果敌在根据地内久踞不去，我可以倒置地使用上述方法，即以一部留在根据地内围困该敌，而用主力进攻敌所从来之一带地方，在那里大肆活动，引致久踞之敌撤退出去打我主力；这就是'围魏救赵'的办法。"毛泽东将二千多年前孙膑的这一兵法运用于我国的抗日战争和解放战争，取得了一战又一战的胜利。这不就是我们常说的"古为今用"嘛！三十多年后，毛泽东在读《智囊》时又一次读到孙膑的这个兵法,他老人家怎么能不更感亲切呢!

《智囊》兵智部,毛泽东圈划和批注的地方还有很多,这里不再一一介绍了。

毛泽东爱读《智囊》,尤爱读《智囊》中关于用兵打仗、以智克敌制胜等军事方面的故事。孙膑、唐太宗、朱元璋都是我国历史上著名的军事家,毛泽东是我国当代被誉为"用兵如神"的最伟大的军事家之一。古今军事家如果有那么一个机会相遇在一起的话,他们会不会谈论治军用兵、战略战术等诸多的军事问题呢?我想是会的,特别是毛泽东对孙膑这个"千古高手"很可能还会称赞一番呢!

（作者为中共中央办公厅老干部局原局长、毛泽东晚年专职图书服务管理工作人员）

再谈冯梦龙编纂"三言"的创造性艺术贡献

——以"三言"中故事发生在苏州地区的几篇小说为例

王 凌

摘要："三言"是否为冯梦龙"原创"作品，或只是众多故事的搜集、汇编，在学术界一直存在争议。本文采用以"排除法"为主的认定方法，通过对"三言"中故事发生在苏州地区的几篇小说的深入分析，指出："三言"中的作品，一类是没有任何旧本依据，完全是冯梦龙根据生活创作的；另一类是有原始出处，但冯梦龙作了根本性的改动，尤其在塑造人物方面有了重大突破。以上两类均属于冯梦龙本人原创或原创性作品，应当肯定他的艺术创新贡献。冯梦龙无愧于伟大作家的称号。

关键词：冯梦龙；"三言"；小说；原创；苏州

一、破除冯梦龙布下的迷阵

冯梦龙是否为原创作家？是否为伟大的作家？这首先取决于他是否创作了能影响当代并流传后世的优秀作品。我的回答是肯定的！在代表其文学创作最高成就的"三言"中的不少作品，如故事发生在苏州地区的几篇小说，就是他的原创或原创性作品。但在相当长的时间里，学术界只把冯梦龙认定为资料、故事的搜集、汇编者，充其量只肯定他在整理改编这些资料、故事中的贡献，很少有人肯定他是一个作家。用现在的话来说，很多人认为冯梦龙不是原创作家。

当然，这是对冯梦龙的极大曲解。但曲解冯梦龙观点的产生，又是首先依据冯梦龙编纂"三言"时写的序及出版时写的"广告语"。换句话讲，曲解冯梦龙观点的源头是冯梦龙本人。这个悖论如不破解，辨析判断将难以进行。

我们确实看到,冯梦龙在出版《古今小说》(即《喻世明言》)时,以"绿天馆主人"署名的序中明确说:"茂苑野史氏,家藏古今通俗小说甚富,因贾人之请,抽其可以嘉惠里耳者,凡四十种,畀为一刻。余顾而乐之,因索笔而弁其首。"①冯梦龙不用真名,而布下两个迷阵——"绿天馆主人"和"茂苑野史氏",其实这都是冯梦龙用的为使他人不能知道本人真实身份的笔名。明朝天许斋刊本《古今小说》的"封面识语"中还说:"本斋购得古今人演义一百二十种,先以三分之一为初刻云",更把"三言"的120篇小说均列为"搜集、汇编"之列。在《警世通言》中,冯梦龙又布下两个迷阵:以"豫章无碍居士"为笔名写序,序中又称该书系"陇西君"所刻。明朝三桂堂刊本《警世通言》的"封面识语"中还说:"兹刻出自平平间主人手授",再加上一个迷阵。《醒世恒言》中则以"陇西可一居士"为笔名写序。在《古今小说》序中,冯梦龙似乎也在暗示读者:这些小说并不是自己创作的,而只是从"家藏古今通俗小说"中,"抽其可以嘉惠里耳者",汇编出版的;用现在的话说,他充其量(即使被人发现真名)也只是"搜集""汇编"者。从而进一步掩盖了他亲自改编乃至创作某些小说的真相!这样,即使有人查出"三言"确实出自冯梦龙之手,但也不能认定是他的原创,换句话说,也就是事先表明"三言"不代表本人的真正立场。用心可谓良苦!

冯梦龙为什么有意向读者传达以上错误的信息呢?首先我们要对封建时代文人士大夫的价值观念和所处环境有所了解。当时,"科举取士"为正道,"学而优则仕"是封建时代知识分子主流价值观的体现,"修身齐家治国平天下"是他们的最高理想追求,"达则兼济天下,穷则独善其身"是他们的处世原则和策略。冯梦龙很早就考中秀才,后来却一直未能中举,他恨主考官有眼无珠,也看到现实生活中普遍存在的科举制度的种种弊病,但这并不等于说他就否定或放弃了"学而优则仕"的价值观。在屡屡落第、生活无着的情况下,为了生计(当然也寄寓他的愤懑和追求,但这也是不能明言的),他不得不编纂出版"三言"等畅销书,却羞于公开

---

① 《冯梦龙全集·古今小说·绿天馆主人叙》,凤凰出版社2007年版。

自己的身份。为此,他不得不布下重重迷阵。即使到了晚年,冯梦龙已从寿宁知县的任上退隐回乡,"三言"又受到读者的广泛欢迎,冯梦龙也仅仅十分谨慎地透露自己"向作《老门生》"(即《警世通言》卷十八《老门生三世报恩》),于是后人长期认为"三言"120篇小说中仅能认定《老门生三世报恩》一文为冯氏作品。这是当年那个时代造成的畸形现象,不能由此苛责冯梦龙!

二、凌濛初评冯的"辑"和"纂"

当然,世上没有不透风的墙。由于"三言"出版后经济效益和社会效益都很好,于是引发了冯梦龙好友凌濛初(他也是才学渊博,而又长期科举未中)的创作灵感,他开始了《初刻拍案惊奇》和《二刻拍案惊奇》的创作与出版活动。此时由于"三言"的巨大成功,凌濛初认为不必再为冯梦龙作太多的掩饰了,于是他在《初刻拍案惊奇·序》中称:"……独龙子犹氏所辑《喻世》等诸言,颇存雅道,时著良规(按,这八个字着重说明"三言"与当时社会的主流价值观并无根本决突),一破今时陋习,而宋、元旧种,亦被搜括殆尽。"我们知道,"龙子犹"是冯梦龙为当时世人知晓的名字,常用于文学和戏曲作品,与故意隐匿自己而用的"茂苑野史"等笔名不同;当然,它与冯梦龙出版儒学研究作品时直接署名"冯梦龙"又有不同。不管怎样,凌濛初在这里首次披露了"三言"系冯梦龙所"辑"的事实。但凌濛初尊重冯梦龙的"隐私"意见,仍沿用"三言"中的说法,称"宋元旧种"被冯氏"搜括殆尽",也就是说冯梦龙仅仅是搜集、汇编者。与冯梦龙不同的是,凌濛初(当然,他的前提是隐瞒自己的真实身份)比较大胆地袒露自己创作《拍案惊奇》的艺术手法。他在《初刻拍案惊奇·序》中说:应"肆中人"之请,"取古今来杂碎事可新听睹、佐谈谐者,演而畅之"。"演而畅之"即创作之义也。后人仅仅看到这些,又产生了曲解,认为凌濛初的《拍案惊奇》系创作,而冯梦龙的"三言"反而只是汇编。实际上,凌濛初也并不愿意彻底"埋没"冯梦龙的艺术创作贡献。故过了若干年后到崇祯十二年(1639),冯梦龙与凌濛初合作选编并出版《今古奇观》时,其原书内封页题有"墨憨斋手定"字样,说明选编者确为冯梦龙①。其时冯梦龙已从福建寿宁知县任上退休回苏州,有时间从事这项工作(而此时凌濛初正式出任徐州通判,无暇兼顾编书出版此类杂务)。这时冯梦龙使用了"墨憨斋"这个常用笔名,而不再像过去那样严格使用掩饰身份的笔名。既然是冯、凌两人作品的合集,由凌濛初写序当在情理之中。此时凌濛初因在官位上,故用的是"姑苏笑花主人"的笔名写序,没有出示自己的真实身份;提到《拍案惊奇》,也仅说是"即空观主人"所作,也不说是个人创作。而对其时已退休在家的冯梦龙(墨憨斋),则说得较直白:"墨憨斋增补《平妖》,穷工极变,不失本末,其技在《水浒》《三国》之间(按,已充分肯定冯梦龙增补《三遂平妖传》中的创造性劳动)。至所纂(按,不是以前说的'辑')《喻世》《警世》《醒世》三言,极摹人情世态之歧,备写悲欢离合之致,可谓钦异拔新,洞心诚目。而曲终奏雅,归于厚俗。""极摹人情世态之歧,备写悲欢离合之致",已成为对"三言"的经典性评论,应当也是对冯梦龙"纂"写"三言"的高度评价。但凌濛初对冯梦龙"三言"评价提法从"辑"到"纂"的巨大变化,却似乎长期以来没有引起人们的重视,更没有人对"纂"的内涵作具体分析(均包括本人在内)。现在是揭开历史真面目的时候了!学术界对"三言"120 篇小说素材来源的详尽考究,已提供了必要的基础材料,关键是采用何种方法加以认定!

三、冯梦龙编纂"三言"的艺术创作贡献

对冯梦龙作品的发现和研究有个很长的过程,很多学者做出了贡献。笔者在 1984 年撰写《试论冯梦龙及"三言"在文学史上的地位》②一文时,根据当时考据的成果,认定冯梦龙编纂了"三言",并进行了总体分析和评价。到 1989 年,我根据当时考据的新成果,并针对不少人只把冯梦龙认定为资料、故事的搜集、汇编者,

---

① 这个观点见于高洪钧《冯梦龙集笺注》,天津古籍出版社 2006 年版,笔者赞同此说。
② 首刊于《福建论坛》1986 年第 2 期,采用时改题目为《"三言"为文学史提供了哪些新东西?》。中国人民大学全国报刊资料复印中心于 1986 年第 5 期在《古代、近代文学研究》中全文转载,《新华文摘》也于 1986 年第 7 期作了摘载。

从而对冯梦龙艺术创作贡献估计不足的情况,又写了《从"情史"到"三言"》,并在1991年苏州召开的中国俗文学学会学术讨论会上宣读。该文首次具体论述冯梦龙编纂"三言"时进行再创作的四个层次的贡献:一是"移花接木",进行部分改编;二是丰富情节,充实作品内容;三是根本改动,提高了思想性;四是根据现实生活,直接进行创作。在当时许多史料尚未得到挖掘的历史背景下,我仅做出这样的判断:"虽然目前有十分确凿的证据,说明系冯梦龙创作的小说仅《老门生三世报恩》一篇;有数篇反映明代生活,却又找不到出处的小说,极可能是冯梦龙根据现实传闻编写的。"我举了《杨八老越国奇逢》和《赵春儿重旺曹家庄》为例,并做了简单的说明。

在做了更深入的研究后我逐步发现,该文尚有许多不足之处,特别是没有充分反映冯梦龙直接根据生活进行创作(而不仅是收集或简单改编宋元旧作)的实际成就。最近,我重新汇总多年来学术界考据的研究成果,做出了以下新的判断:冯梦龙编纂"三言"时,当然也有不少作品是取自宋元旧作,但至少有几十篇作品,主要源于他的艺术创作。这些作品大致分为两类:第一类是没有任何旧本依据,完全是冯梦龙根据生活创作的。第二类是有原始出处,但冯梦龙做了根本性的改动,尤其在根据现实生活塑造人物方面有重大突破。以上两类均属于冯梦龙本人原创或原创性作品,应当肯定他的艺术创新贡献。从而确证,冯梦龙无愧于伟大作家的称号。

要论证几十篇作品,非一两篇文章所能完成。本文且以"三言"中故事发生在苏州地区的几篇小说为例,具体论述这些属于冯梦龙本人原创或原创性作品的根据。我在此提出了以"排除法"为主的认定方法。

先讲第一类,即没有任何旧本依据,完全是冯梦龙根据生活创作的作品。

例一,《钱秀才错占凤凰俦》,《醒世恒言》卷七,明朝事,发生在吴江县。故事出处仅见于冯梦龙《情史类略》卷二"情缘类"中的"吴江钱生"条①,时间标明为"万历年间",地点明确为"吴江县之下乡和洞庭西山"。《情史》中并没有进一步说明该故事的最早来源和出处,仅注明"小说有《错占凤凰俦》"。在我看来,《情史》中"吴江钱生"条应是冯梦龙以文言文的形式,把他创作的小说《钱秀才错占凤凰俦》的主要内容压缩改写而成。因为我们至今也没有找到在此之前的任何笔记或史料中,写到类似的传闻。《情史》又注"沈伯明为作传奇";经查沈伯明的传奇写在"三言"之后,该传奇应该也是根据"三言"改编的。所以可以断定,该小说是冯梦龙独立创作的作品。

例二,《施润泽滩阙遇友》,《醒世恒言》卷十八,明嘉靖事,发生在吴江县盛泽镇。与该小说有关的资料仅见于冯梦龙编《古今谭概》卷三十六"张生失金"条②。"张生失金"条全文如下:"嘉靖时,杭人张姓者,自幼为小商,老而积金四锭,各束以红线藏于枕。忽夜梦四人白衣红束,前致辞曰:'吾等随子久,今别子去江头韩饼家。'觉而疑之,索于枕,金亡矣。踌躇叹息,之江头询韩,果得之。张告韩曰:'君曾获金四锭乎?'韩惊曰:'君何以知?'张具道故。韩欣然出金示张,命分其半。张固辞谢,遂出门。韩留觞之,举一锭分为四,各裹饼中,临行赐之。张受而行,中途值乞者四,求之哀,各济以饼一。四乞者计曰:'此饼巨而冷,不可食,何不至韩易小而热者乎?'遂之韩,韩笑而易之。"这个故事被写进《施润泽滩阙遇友》,成为小说中的一个细节;但与主人公施润泽一生的故事比较,该细节是微不足道的。此外,我们至今找不到本篇故事主要情节和人物性格发展的重要细节从何处来。这只能反证,该小说是冯梦龙根据自己对生活的观察积累而创作的。

与此同类型的,还有《张廷秀逃生救父》,《醒世恒言》卷二十,明万历事,发生在苏州市区"门外宝华亭";《金令史美婢酬秀童》,《警世通言》卷十五,明朝事,发生在昆山县。此二篇均至今未见任何出处,应当是冯梦龙的原创作品。

---

① (明)冯梦龙《情史类略》,岳麓书社1984年版,第51页。
② (明)冯梦龙《古今谭概》,海峡文艺出版社1985年版,第1167页。

概括来说,以上四篇属第一种类型,即至今找不到小说的任何出处,反证它们是冯梦龙的原创作品(当然还要分析原作全文,确证它们反映的是苏州明代生活)。以上方法,我称为"排除法",是否准确,请大家讨论!

第二类作品,经研究找到了冯梦龙小说依据的原始出处,但对照后发现,冯梦龙已作了根本性的改动,尤其在人物塑造方面有重大突破。对这种作了根本性改动的改编作品,应当肯定他的艺术创新的贡献,并列入原创性作品。

例一,《宋小官团圆破毡笠》,《警世通言》卷二十二,明正德事,发生在昆山县。这是有原始出处的。冯梦龙《情史类略》"情贞类"卷一"金三妻"条①写出了故事梗概,并注明引自王同轨《耳谭》一书。

可以说,《耳谭》中故事的基本情节是具备了,但从人物的塑造角度来说,则十分平淡,毫无特色,更看不到人物性格的发展变化。冯梦龙在小说《宋小官团圆破毡笠》中,根据生活作了详细铺写和重大改编,完全是一种艺术创作活动。他把主人公由金三改为"宋小官",把宋小官设计为家庭逐日衰败的书生后代(其一是父死,其二是母不善经营。在当时资本主义萌芽时代的苏州,是十分典型的)。宋小官家景败落后被昆山舟师杨姓者收留,经过艰苦的改造,才逐步转变为能自食其力且懂得人情世故的小商贩。有了这样的转变条件,后来他因病被岳父抛弃荒岛后,才能采取变被动为主动的冒险举动,转变就有了合理的依据。可以说,冯梦龙通过小说这种艺术手段,写出了"典型环境中的典型性格",塑造了一个由世家没落子弟转为暴富商人的真实形象。基于这样的理念,小说结尾也作了重要变动。《耳谭》原记:"会剧寇刘六、刘七叛入吴。三出金帛募死士,从郡别驾胡公,直捣狼山之穴,缚其渠魁,讨平之,功授武骑尉,妻亦从封云。"金三在《耳谭》中依然是个坚守仕途的封建人士。而冯梦龙小说的最后安排是,宋小官夫妻发迹后,回到昆山故乡扫墓,追荐亡亲,对家族亲戚各有厚赠。此时原

---

① (明)冯梦龙《情史类略》,岳麓书社1984年版,第11页。

先刻薄过宋小官的范知县已罢官在家,闻知宋小官发迹还乡,恐怕街坊撞见没趣,躲向乡里月馀不敢入城,可见当时苏州社会风气发生了从"重文""重官"到同时"重商"的巨大变化。小说结局是:"宋金定了故乡之事,重回南京,阖家欢喜,安享富贵——子孙为南京世富之家,亦有发科举者。"宋小官成为商人世家的小说结尾,更符合时代的潮流。

"金三妻"这个故事,当时已在社会上广泛流传。《古今闺媛逸事》卷四《情爱类·破毡隐语》也转载了《耳谭》的记录。《古今情海》卷十七"金三妻"条亦引自《耳谭》,文字完全相同。冯梦龙《情史》卷三"金三妻"条亦注"事载《耳谭》",文字略有出入。说明《耳谭》确为原始出处,其对冯梦龙创作灵感的启发是不言而喻的。冯梦龙也是十分尊重这个事实的!但我们更要看到,冯梦龙通过自己的艺术再创造,塑造了一个真实可信的新商人形象,则是《耳谭》原载故事远远不能企及的。

例二,《乔太守乱点鸳鸯谱》,《醒世恒言》卷八。小说中把故事放在"大宋景祐年间"的"杭州府",细读原作却发现是写苏州的生活。经多人考据,查其原始素材出于南宋《醉翁谈录》丙集卷之一"因兄姐得成夫妇"。原故事发生在"广州",主角是"以机杼为业"的手工业者"姚三郎家",姚三郎以弟代姐出嫁后出现鸳鸯错配,最后以私了结束,皆大欢喜。这个故事应当说是很有意思的,但情节比较简单,尤其是缺乏有个性特征的人物描写。也许冯梦龙当时没有读过这则材料,所以在《古今谭概》和《情史类略》中都没有提到《醉翁谈录》。现有的材料说明,冯梦龙《乔太守乱点鸳鸯谱》的创作灵感应当更多地来自生活,尤其是他长期居住的苏州地区。他在《古今谭概》卷三十六中,以"嫁娶奇合"为条目,记录了自己听到的生活传闻:"嘉靖间,昆山民为男聘妇,而男得痼疾。民信俗有'冲喜'之说,遣媒议娶。女家度婿且死,不从。强之,乃饰其少子为女归焉,将以旬日计。既草率成礼,男父母谓男病,不当近色,命其幼女伴嫂寝,而二人竟私为夫妇矣。(按,'冲喜'之不良风俗是前因,错配的双方虽有错,但是可以理解、可以原谅的。)逾月,男疾渐瘳。女家恐事败,诒以他故邀假女去。事寂无知者。因女有娠,父母穷问得之,讼之官。狱连年不解。有叶御史者,判牒云:'嫁女得媳,娶妇得婿,颠之倒之,左右一义。'遂为夫妇焉。"(按,叶御史的司法调解还是比较明智的。)冯梦龙又在《情史》卷二以"昆山民"为条目,记载了同样的一件事。只是在条目的最后作了明确的说明:"小说载此事,病者为刘璞,其姐已许字裴九之子裴政矣。璞所聘孙氏,其弟孙润,亦已聘徐雅之女。而润以少俊代姊冲喜,遂与刘妹有私。及经官,官乃使孙刘为配,而以孙所聘徐氏偿裴。事更奇。其判牒云:'……'。"①(该判牒与冯梦龙小说《乔太守乱点鸳鸯谱》一致)这里又提供了一个例子,证明《情史》卷二条目"昆山民"是冯梦龙把小说《乔太守乱点鸳鸯谱》压缩为文言文写成的。

同时,冯梦龙还有意无意地向读者透露了一个秘密:小说《乔太守乱点鸳鸯谱》是他根据生活传闻编写的,结果是"事更奇",即情节更为曲折、丰富、复杂,更为吸引读者。但他没有明确点明自己在人物塑造上有哪些新突破。其实人物塑造的突破性进展,才是冯梦龙的最大贡献。如见官之后,少女刘慧娘表现出空前的坚决和勇敢,于是那个"又正直、又聪明、怜才爱民、断案如神,被称为乔青天"的关西人乔太守才做出了判决。判词中体现了全新的理念:"爱女爱子,情在理中","相悦为婚,礼以义起"。这判词完全是冯梦龙起草的,他人写不出来,体现了冯梦龙的爱情观和婚姻观,也是小说中最动人之处。

正是在这个意义上,我们认为冯梦龙的这类改编(不是编辑意义上的小改动,也不是一般性的改编)体现了巨大的创造性艺术劳动,包含了原创内涵,应列入原创性作品,与上述第一类共同构成冯梦龙作品的精粹。

(作者为福建省新闻出版广电局教授级研究员,福建省通俗文艺研究会冯梦龙研究委员会主任)

---

① 《冯梦龙全集·情史》,凤凰出版社2007年版,第54-55页。

学术焦点

冯梦龙到麻城原因探析

罗卫华

摘要：江苏苏州、湖北麻城、福建寿宁，为冯梦龙人生的三大驿站。其中，冯梦龙在麻城的经历向来成谜。冯梦龙为何到麻城？细数原因，归纳起来有三：一为麻城春秋的吸引；二为麻城民歌的吸引；三为李贽的吸引。

关键词：冯梦龙；湖北麻城；春秋；民歌；李贽

江苏苏州、湖北麻城、福建寿宁，是冯梦龙最重要的三大人生驿站。冯梦龙到麻城的直接原因是经麻城人陈以闻和王大可的推荐，应麻城田公子即田生芝的邀约前来，这为学术界所公认。《麟经指月》梅之焕《序》中写道："乃吾友陈无异令吴，独津津推毂冯生犹龙也。王大可自吴归，亦为余言吴下三冯，仲其最著云。余附髀者久之。无何，而冯生赴田公子约，惠来敝邑。"实质上，冯梦龙之所以到麻城，笔者认为间接原因应该有三方面，归纳起来为麻城春秋的吸引、麻城民歌的吸引、李贽的吸引。

一、麻城春秋的吸引

冯梦龙是当时全国著名的研究春秋的经学家。而麻城在明代中后期，是全国闻名的麟经之乡。麻城与浙江会稽和安福并称为全国三大春秋学中心。《麻城县志》（民国版）载："明代邑人捷春秋闱者，多以《麟经》显外省。有不远千里来麻就益者，巴县刘尚书春兄弟，均学于麻，以春秋起家。他如重庆刘成穆、浙江吴云、四川张大用辈，均随父祖来麻受经，卒魁乡榜、捷南宫焉。江西安福县相传得麻城《麟经》诀，李惠时述其事云：'人称山阳《礼记》，麻城《春秋》，言冠海内人文也……"麻城人考春秋中科举可谓走到了极致,以春秋为本经占进士人数的比例高达84%,在各县市中首屈一指。

明代四十六科会试春秋经中式①者的地域分布　　比率:%

	安福	麻城	闽县	歙县	淳安	临海	祁门	会稽	罗山	海阳	晋江	遂宁	东莞	华亭
人数	82	42	33	31	25	23	18	17	16	15	13	13	13	10
占四十六科会试春秋中式者比率	7.4	3.8	3	2.8	2.3	2	1.6	1.5	1.4	1.4	1.2	1.2	1.2	0.9
各县四十六科进士总人数	166	50	135	90	36	83	32	73	19	32	166	16	47	79
以春秋为本经者占该县四十六科进士人数比率	49	84	24	34	69	28	56	23	84	47	8	81	28	13

麻城春秋学,据说成化年间由浙江夏贲传入。夏贲是浙江富阳县人,举人出身,"家世春秋,笺疏传注,略皆通究",他在麻城任教谕时,"悉为诸生讲贯大义,麻城春秋为天下所推,自此始"(《(乾隆)杭州府志》)。麻城仅以明经科入仕而著称者就有吴山、喻文伟、李宁、杨敬、钟亮、蒋辅、李鼐、夏均辅、邓林、桂南、董应轸等人。明清麻城本土更涌现了一大批深谙春秋经史、学识渊博的学者,著名者有鲍楚山、吴山、万祥、毛凤起、刘守蒙、刘师召、董天策等。麻城人耿克励辑有《麟经古亭世业》,梅之烜著有《春秋因是》,董天策著有《春秋文稿》等作品。

麻城良好的研习春秋学的氛围自然吸引了冯梦龙这位春秋大家的目光。冯梦龙到麻城后,又专门结成研习春秋的文社,共88人,仅麻城本地学者就达到了40多人,占据一半以上。梅之焕、梅之烜、李长庚等麻城人还专门为冯的春秋系列作品《麟经指月》《春

---

① 中式,即录取。

秋衡库》等作序。

二、麻城民歌的吸引

《黄州府志》对黄州府各县曾作了概括："黄冈多竹富稻棉,黄安朴质又彪然。广济有钱人慷慨,黄梅崇佛好朝山。蕲春物宝著高士,蕲水悠悠出大贤。自古麻城歌舞地,罗田谷少果丰年。黄州八属风光好,俗融吴楚是英山。"

麻城被定位为"自古麻城歌舞地",是东路花鼓戏之乡、花挑之乡、民歌之乡,是艺术之花盛开的沃土。麻城东路花鼓戏是全国非物质文化遗产,是由鄂东民歌演变形成的地方剧种,在大别山区、鄂豫皖三省流行。今天川剧中的胡琴腔,是湖广腔、汉调二黄和蜀伶新出琴腔之整合。其中,俗称"二黄"的汉调,清朝之前就已流行于湖北麻城、黄冈等地。麻城花挑是湖北省独具风格的民间歌舞之一,进入湖北省首批非物质文化遗产名录。

麻城民歌刚柔相济,曲调优雅,包括号子、山歌、田歌、牧歌、小调、风俗歌、灯歌等。山歌包括四句式、五句式和鱼咬尾式三种,调子有正板、慢板、快板三种。冯梦龙认为山歌"最浅、最俚,亦最真",他到麻城后,大量搜罗了麻城及大别山周边的民歌,为其《山歌》的出版积累了充分的素材。冯梦龙在其《山歌》卷十中所辑录的《素帕》"不写情词不写诗,一方素帕寄心知。心知接了颠倒看,横也丝来竖也丝,这般心思有谁知?"就带有典型的麻城"五句头"山歌的味道。

三、李贽的吸引

李贽是明末著名的思想家,泰州学派的代表人物。李贽在麻城隐居了16年,麻城时期是他学术活动最投入、思想燃烧最灼热、著述成果最丰硕的时期,麻城也因李贽与耿定向的论战成为全国学术界注目的焦点。李贽在麻城开坛讲学,追随者不下千人,包括黄安的耿定理、耿定力,麻城的梅之焕、梅之熉、周思敬、无念、杨定见、怀林、丘长孺,黄梅的汪可受以及公安的袁宏道、袁宗道、袁中道,以及外地著名学者罗汝芳、汤显祖、焦竑、马经纶、江进之、李元阳、顾冲庵和外国学者利马窦等。李贽争取思想自由、个性解放的思想在麻城深入人心。

李贽反对封建礼教、提倡社会平等及"童心说"等思想对冯梦龙影响很深，冯梦龙很崇拜李贽，尊李贽为"李卓老"，"酷痴李氏之学，奉为蓍蔡"。特别是冯梦龙到麻城后，更是大量接触李贽之学，让他成为李贽的超级粉丝。他在麻城期间，也向李贽学习，开馆收徒，还招收女学生，让人为之侧目。他敢于冲破传统观念，反对虚伪的礼教，肯定人欲，尊崇个性，推重情感。李贽生前好友麻城人梅之焕、梅之熉、杨定见、丘长孺、李长庚等均是冯梦龙在麻城期间结识的志同道合的朋友。冯梦龙还与杨定见、袁无涯等人合作，共同校对出版了李贽点校的《水浒传》。值得注意的是，冯梦龙与公安三袁交好，袁宏道从麻城人刘承禧手中借阅到了《金瓶梅》藏本，冯梦龙又从袁中道手中借阅，如获至宝，与书商合作，出版了《金瓶梅》，让这部奇书走向了全国。

（作者为麻城市党史方志办公室主任）

冯梦龙《新列国志》的史料取舍及其历史演义的创作

张 珊

摘要:《新列国志》是冯梦龙晚年完成的,且是集其春秋学研究的功力而成的著作,其创作难度要高于其他。面对众多的春秋战国史料,冯梦龙进行了有意的选取,从直接缘由看,《新列国志》是对《列国志传》的删改与增补,其核心内容则是春秋五霸。冯梦龙通过对春秋战国历史的重新演义,博采众家而取其适合写入小说的成分,创作出了这部重要小说。

关键词:冯梦龙;《列国志传》;《新列国志》;《春秋》;《左传》;历史演义

《新列国志》是冯梦龙历史演义小说的代表作之一,此书将春秋到战国五百五十多年的历史进行了小说化的叙述。对于时间跨度长又人物多的历史进行叙述,不可能像《三国演义》和《水浒传》那样时间和人物都相对集中地去书写,显然,《新列国志》的创作难度更大。冯梦龙在其春秋学研究的基础上,对春秋战国史料的取舍是颇费心思的,到底什么样的事件才能写入小说就体现了冯梦龙的构思。本文便探究《新列国志》选取了春秋战国的哪些故事,以此来看作者对史料的取舍问题。

一、《新列国志》对《列国志传》故事的取舍与增补

关于《新列国志》的故事来源,首先要明晰的是它是依傍《列国志传》而来的,很多故事都有针对性。东周列国之间的故事历代被人传诵,加之人人皆习经史,故而这些故事非常普及。宋元时期话本兴起后,散乱流传的春秋战国故事也成为话本创作的题材。孙楷第的《中国通俗小说目录》提到的宋元讲史的话本就有《新刊

全相平话武王伐纣书》《新刊全相平话乐毅图齐七国春秋后集》《新刊全相秦并六国平话》《吴越春秋连像平话》等。而到明代后期，历史小说的创作形成了高潮，乱世尤受青睐，列国历史又成为历史小说创作的题材。嘉靖、隆庆年间，余邵鱼根据史书的记述并吸取了宋元话本的成果而完成了《列国志传》的创作，从商纣王起一直写到秦始皇统一天下，将春秋战国的历史进行了简单的连缀。但其中穿插许多背离史实的部分，也充斥着天命论的说教，冯梦龙的《新列国志》便是据余邵鱼《列国志传》增删重编而成的。他根据古史，去掉《列国志传》中的荒诞部分，最终此书一出而余书废弃。显然，冯梦龙创作的目的是直接针对《列国志传》而进行修订，既然如此，冯梦龙记述的故事与余邵鱼记述的故事的异同，便体现了他对史料的取舍；但《列国志传》并非其史源，而是修正的对象。由《列国志传》的二十八万字到《新列国志》的七十六万字，篇幅的剧增可以看出这不能简单用改写来表示，事实上有相当一部分内容是删去的，而重新撰写的地方又是冯梦龙的创作，二书在故事选取上的不同是首先要关注的问题。

陈平原《中国小说史论》认为《列国志传》和《隋唐演义》为"历朝纪事主题"，必须包容叙述框架内众多的历史事件，冲突的展现与场景的转换，以及史实与传说之间的协调，不大容易处理。它不是像"开国建朝主题"那样，以乱世英雄起四方为背景，呈现一系列扣人心弦的激烈争战，借新王朝的建立封闭小说的结构。① 这是符合实际的，《新列国志》同样如此。从篇目名称来判断，《列国志传》中的西周部分大部分被《新列国志》所扬弃了，这包括商纣王和周文王、周武王之间的纠葛，以及周灭商之后周公、召公辅佐成王，周昭王南征全军覆没，周穆王西游昆仑山等，这些故事是传世的西周文献中记载相对多的部分，比如《尚书》中大量的武王伐纣及周公辅成王的记录，《国语·周语》中"密康公母论小丑备物"的故事，《史记·秦本纪》对非子的记载，《穆天子传》对穆王西征的

---

① 陈平原《陈平原小说史论集·中国小说史论》，河北人民出版社1997年版，第1580页。

记述等，这些都被《列国志传》所取材。显然《列国志传》想记述整个周代的历史，所以从西周建立开始写到春秋和战国。但是，《新列国志》主要记述东周的历史，对西周历史仅仅提到后期导致西周衰亡的几件事，这是前三回的内容，从周宣王杀杜伯开始，周之德渐衰，接着用较多篇幅写了周幽王与褒姒及西周的灭亡、平王的东迁与东周的建立。所以，《新列国志》记述的重心是东周，即春秋和战国，而春秋又占去了绝大部分，战国仅有四分之一的篇幅，它的最核心内容是春秋五霸。

对从春秋到战国的史料如何进行取舍，《列国志传》与《新列国志》也有很多不同的选择。按照《春秋》和《左传》的记载，在春秋早期，国际纷争集中在周王室、郑国、宋国、卫国这几处，这在粗疏的《列国志传》中体现不明显。但在《新列国志》中，则将春秋前期的主要纷争纷纷写入，比如郑伯克段于鄢、周郑交恶、石碏大义灭亲、鲁隐公被弑、宋华督之乱、文姜婚鲁桓公、郑祭足主政、卫宣公纳媳、齐襄公杀鲁桓公、齐襄公被弑等。而接下来就到了齐桓公，他是真正意义上的春秋时代的主角了，二书对齐桓公的记述都较多，并在记述中夹带当时其他国家的事件。齐桓公执政后期和他去世之后，二书便逐渐转向对晋献公、晋文公、晋惠公的记述，而晋献公和晋惠公又都是为了引出或对比晋文公，这期间秦穆公、宋襄公的活动也连缀其中，这些故事家喻户晓，所以二书记述的都很多。但再接下来，二书又发生了记述重心的不同，《列国志传》对于晋文公之后的一段时期的记述很少，而《新列国志》则在这部分增加了周王室、晋国、楚国、秦国、齐国、鲁国、陈国、宋国的很多事件，尤其是春秋中期很重要的赵氏孤儿、夏姬之乱、华元弭兵、齐晋鞌之战、崔杼弑君等，使得这一部分的内容非常精彩。到了春秋后期，纷争集中在楚国、吴国、越国之间，所以二书都花了较大气力去描绘这段历史，这是二书相对比较一致的地方，其原因是吴越争霸故事有《左传》《国语》《史记》《吴越春秋》《越绝书》，甚至伍子胥等故事的话本可以参考，情节一波三折，可歌可泣。当然，二书对春秋后期除了吴、越、楚之外的其他国家记述都不多。

至于战国史料，《新列国志》对《列国志传》改编的没有那么多,当然也不是《新列国志》的用力之处,相比详实的春秋故事,战国的部分好似狗尾续貂,难以为继。二书对三家灭智伯、三家分晋、吴起变法、商鞅变法、孙膑斗庞涓、苏秦张仪游说各国、燕王禅让子之、乐毅攻齐、蔺相如完璧归赵、范雎相秦、四公子养士、荆轲刺秦王、秦灭六国等都有记述。《新列国志》又增加了乐羊子、西门豹、秦武王、楚怀王、赵武灵王、赵括、鲁仲连等人的故事,尤其对秦始皇即位前后的秦国各个人物的记述较多,如吕不韦、嫪毐、茅焦、荆轲、王翦等。虽然有所增补,却并不是很多。客观上,由于战国史料的缺失,冯梦龙所补的都是余象斗忽略的一些重要故事,但春秋与战国在历时上都是二百四十余年,时间长度对等,史料却不对等,这使得冯梦龙的改编也受到一些限制,在一百零八回之中,春秋共八十四回,剩下的是战国,显然春秋事件更多。这是从具体故事来看,冯梦龙对余象斗书的改编与增补。

二、以春秋五霸为中心历史演义的书写

由上文可知,《列国志传》的材料,既有被冯梦龙扬弃了的西周部分以及带有荒诞不经的情节的部分,又有被他改编的更加符合历史的部分,还有他增补的认为应该写入书中的一些故事,尤其是春秋前期到中期的列国故事。总体看来,《新列国志》是以春秋五霸、战国七雄为核心来记述历史的,尤其是春秋五霸,可谓全书的主人公。对史料进行选取时,冯梦龙的集中选取点是春秋五霸,相对集中地叙写他们的事迹,尤其是齐桓公称霸、晋文公出亡及称霸、吴越争霸这三件事,几乎是事无巨细。春秋时代,周王室衰微,五霸相继崛起,实际行使了天子的职权。对于五霸是谁,历来有不同的说法,虽然冯梦龙也没有明确指出他认为的五霸是哪五位,但对经常被认为是五霸的齐桓公、晋文公、秦穆公、宋襄公、楚庄王、吴王阖庐、越王勾践这些人物的记述特别多。齐桓公和晋文公属于五霸,历来没有争议,《新列国志》中与齐桓公有关的故事有十余个,从第十五回《雍大夫计杀无知》开始公子小白和公子纠争夺王位,其后与齐桓公有关的还有第十六回的《释槛囚鲍叔荐仲 战长勺曹刿败齐》、第十八回的《曹沫手剑劫齐侯 桓公举火爵宁

戚》、第二十一回的《管夷吾智辨俞儿　齐桓公兵定孤竹》、第二十二回的《公子友两定鲁君　齐皇子独对委蛇》、第二十三回的《卫懿公好鹤亡国　齐桓公兴兵伐楚》、第二十四回的《盟召陵礼款楚大夫　会葵邱义戴周天子》、第二十九回的《管夷吾病榻论相》、第三十二回的《晏蛾儿逾墙殉节　群公子大闹朝堂》等。通过这些回目，将齐桓公任用管仲等贤人，尊王攘夷，从而"九合诸侯，一匡天下"的称霸过程写得清清楚楚，甚至一直写到齐桓公如何去世，他死后群公子如何争夺王位等。而与晋文公有关的更多，因为谈起晋文公往往要从晋献公纳骊姬开始，这样算起来有二三十个故事。从第二十七回《骊姬巧计杀申生　献公临终嘱荀息》开始，第二十八回《里克两弑孤主　穆公一平晋乱》、第二十九回《晋惠公大诛群臣》、第三十回《秦晋大战龙门山　穆姬登台要大赦》、第三十一回《晋惠公怒杀庆郑　介子推割股啖君》、第三十四回《齐姜氏乘醉遣夫》、第三十五回《晋重耳周游列国　秦怀嬴重婚公子》、第三十六回《吕郤夜焚公宫　穆公再平晋乱》、第三十七回《介子推守志焚绵上》、第三十八回《周襄王避乱居郑　晋文公守信降原》、第三十九回《晋文公伐卫破曹》、第四十回《先轸诡谋激子玉　晋楚城濮大交兵》、第四十一回《连谷城子玉自杀　践土坛晋侯主盟》、第四十二回《周襄王河阳受觐　卫元咺公馆对狱》、第四十三回《智宁俞假鸩复卫　老烛武缒城说秦》、第四十四回《叔詹据鼎抗晋侯》等，都与这段时期有关。至于中间的几位称为五霸的人物，叙写相对没有齐桓公、晋文公那样多。以楚庄王为例，第五十回中曾简略提到楚庄王即位三年而一鸣惊人的故事，第五十一回中提到楚庄王兴师伐陆浑之戎，并连带对樊姬与孙叔敖等人物进行记述，第五十二回《陈灵公衵服戏朝》及第五十三回《庄王仗义讨徵舒　郑伯牵羊逆楚军》记述了与楚有关的夏姬之乱，其后一直到第五十六回楚庄王去世，这中间的数回都有楚庄王。当然，这在全书中分量不是很重。宋襄公、秦穆公亦然，他们往往夹杂在齐桓公、齐孝公、晋献公、晋文公、晋襄公这些时段里讲述。

值得注意的是，有五霸称号的人物中，关于吴越争霸的回目尤其多，在全书中所占篇幅大概有六分之一。吴越争霸是耗时很长的系列事件,一般认为从伍子胥奔吴就开始算起。《新列国志》中对吴越争霸前后故事的叙述是从第七十一回《楚平王娶媳逐世子》开始的,第七十二回《伍子胥微服过昭关》、第七十三回《伍员吹箫乞吴市 专诸进炙刺王僚》、第七十四回《囊瓦惧谤诛无极 要离贪名刺庆忌》、第七十五回《孙武子演阵斩美姬 蔡昭侯纳质乞吴师》、第七十六回《楚昭王弃郢西奔 伍子胥掘墓鞭尸》、第七十七回《泣秦庭申包胥借兵 退吴师楚昭王返国》、第七十九回《栖会稽文种通宰嚭》、第八十回《夫差违谏释越 勾践竭力事吴》、第八十一回《美人计吴宫宠西施 言语科子贡说列国》、第八十二回《杀子胥夫差争歃 纳蒯瞆子路结缨》、第八十三回《诛芈胜叶公定楚 灭夫差越王称霸》,都是较为连串且集中的叙述。吴国和越国到了春秋中后期才登上历史舞台,《春秋》与三传记述的二国事件很零散,而且所占比例极小,因为许多事件发生在孔子去世之后,已超出《春秋》的记录时段。但吴越争霸却成了春秋故事中影响最大的事件之一,原因是除了《春秋》和三传,《国语》的《吴语》和《越语》有更为集中的记述,到东汉初年赵晔作《吴越春秋》以及汉末出现的《越绝书》,吴越故事再次得以演绎。而《新列国志》的记述也被认为是吴越争霸故事的古今演变过程中的一环,虽然没有《吴越春秋》与《越绝书》那样集中,但也是全书之中相对集中笔力去写的一大事件。当然,这部分所占比例大,恐怕还与冯梦龙是吴人,他对吴越的历史更为关注有关。

总之,《新列国志》是以春秋五霸为中心的记述,春秋五霸此起彼伏而相继代兴,可谓全书的中心人物,与此同时,他们身边也集中了一些附属的人物。而战国的故事则主要是七雄的大事,以及当时的各种名人故事,但战国的中心人物没有那么集中,篇幅也太少,所以,全书的主人公还应该是春秋五霸。

三、《新列国志》的史料选择

除了对《列国志传》作新编,进行以春秋五霸为中心的叙述,《新列国志》在选取史料的过程中,还有其他的顾及,并体现了冯梦龙的原则和小说创作理念。尽管属于历史演义的小说,但《新列国志》的创作其实是重新对春秋战国史进行一番书写。全书的重心在春秋,面对春秋的史料,每一位作者都在用自己的理解去书写。为此,孔子作《春秋》,赋予了微言大义与"春秋笔法",以文字来褒扬或贬低历史人物。《公羊传》《谷梁传》都是经典的问答,是为阐释《春秋》经文之意而作。左丘明的《左传》则是补充史实,更加接近于独立撰写的另外一部史书,所以春秋的大量历史事件都是由于《左传》的增补而被后人所知的。至于《国语》,虽然里面有少量西周历史,但最多的也是春秋时代的历史,它采用了国别体的体例,每一篇以记录言谈为主,属于记言之作,许多春秋名臣的谏诤之辞在其中得以保存。司马迁继承《春秋》而作《史记》,在《太史公自序》中曾假设上大夫壶遂与太史公的对问,其中谈及孔子何以作《春秋》及汉世何以接续《春秋》的问题,为此,司马迁的解释是要记录三千年的历史,并润色鸿业,为汉兴以来的历史谱写篇章。春秋的大事林林总总,按照司马迁《太史公自序》的说法是"春秋之中,弑君三十六,亡国五十二,诸侯奔走,不得保其社稷者不可胜数"。在处理春秋战国史料的时候,司马迁发明了"世家"这一体例,这是相对集中的一种叙述,但显然三十世家中汉代以前的部分,多是为了适应春秋战国列国众多的情况而分类撰写的,而每一世家中又按照时代撰写,并对其中的重要人物着墨更多。至于战国历史,最集中的史书是《史记》和《战国策》,到北宋司马光作《资治通鉴》,再度整合战国事件并对它们进行编年的记叙。这些都是冯梦龙所借鉴的主要典籍,但距离春秋战国一千八百年的冯梦龙如何去重新处理这些史料,是很有趣的问题。显然,春秋学的造诣使得冯梦龙更加倾情于春秋时段历史的小说化书写,《麟经指月》《春秋衡库》《春秋大全》《春秋定旨参新》《四书指月》等书的编著,对其写作大有助益。但学术著作仅仅是为其提供学术指导,而真正的写作中,作为小说能手的冯梦龙,这次完成的是一部历史演义之作,如何将春秋历史变成历史演义,是冯梦龙写作的中心。《新列国志》属于小说,小说与经部、史部的经典是迥然不同的,面对同样的历史时段,甚至相同的史料,叙写方式是不同的,在小说的叙写方式中,技巧性占的比例要更大。

可以说，《新列国志》春秋部分的主体是依傍《春秋》与《左传》的记事。而《春秋》与三传都是编年体，对于春秋事件的组织，冯梦龙也采取了编年的方式。在历史演义的书写视野中，冯梦龙摈弃了《国语》《战国策》的国别分类法，也没有采用名为纪传体而实际还是国别体的《史记》记录春秋战国部分的世家体例，因为那样可能会导致更加琐碎且分门别类不成整体的后果，所以最终此书基本还是采用了编年体，以周天子的纪年为纲，里面穿插了很多国家，从而达到叙述的宏大与和谐。以周天子为纲，体现了冯梦龙正统的历史观和尊王意识。任何一位历史书写者的著作中都贯穿着作者的历史观，比如对三国历史的记述是倾向于魏还是倾向于蜀，各家都有不同。《新列国志》显然也有自己的历史观，除了对正义的弘扬、对残暴的鞭挞之外，《新列国志》采用了以周天子正朔进行编年的方式，这体现了冯梦龙的尊王观念。现存所有的春秋史料，都是依据鲁国国君的年号记述的，但到了《新列国志》里，就都一一转变为周天子的纪年，比如第十四回说"齐襄公灭纪之岁，乃周庄王七年也"，又齐襄公被弑之年为周庄王十一年冬十月，都换算成周天子之年。但因为时间跨度大，不可能周天子每一年的事件都要写，而且时常不连贯，所以有的事件并未说明时间，甚至有时对周天子的更迭也不言，突然进入新的周天子的某某年。至于战国部分，则没有太多用周王之年，原因是许多事件的确时间不详。

既然鲁史纪年不存在了，则以五霸为核心的记述，使得全书带有轻鲁史的倾向。由于《春秋》乃是依傍鲁史而成，所以鲁国史料在《春秋》和三传中是各个国家中最多的，其次才是晋国、齐国、楚国等。在《新列国志》以五霸为核心的记述中，鲁国是附属的小国，只取其大事，且多是与齐国、晋国、楚国等有关的大事来写。甚至三桓专鲁、鲁昭公被逐这些鲁国的重大事件都是一笔带过，而这些在《春秋》与三传中都是用大量篇幅来写的。此外，《春秋》和三传中记述很多的诸如诸侯聘问、婚嫁丧葬、天象灾异等常见事件，《新列国志》中也基本不写，因为这些与全局并无太大关系。鲁国历史尚且大部分不写，至于附属鲁国的国家，如滕国、小邾国、莒国等,书中则更少提及。

但不可否认,国别体或世家体的叙事是以类相从而有章可循的,而《新列国志》舍弃了这些,将五百多年的事件以编年来叙述,又穿插很多国家,就变成了东一榔头西一棒的各种故事,而且为了让小说引人入胜,又经常故意拆分故事或穿插小事在不同的回目中,头绪着实太多。所以,在结构的处理上,冯梦龙花了不少心思,由于时间跨度大,事情众多,全书便采用了一种跳跃式的记述。《新列国志》的跳跃式记述,除了纪年跳跃之外,其故事有的基本连贯,有的则并不连贯,也是跳跃式的选取。《新列国志》的最大史源是《左传》,对于《左传》的取材是大致在编年的基础上,选取大国为主尤其是春秋五霸为主的事例。由于要囊括五百多年历史,而且还要进行合理的想象,从而进行艺术的创造,所以对原始史料必定要大量删减。同理,对于其他史料,冯梦龙也是节选他认为有价值的事件,比如对《国语》的取材就是这样,大量进谏言辞在《新列国志》中只是偶尔出现,但《国语》中的叙述事件有时反倒被采纳,但常常简略带过。同理,对于《史记》的取材也是这样,赵氏孤儿的故事、众多战国人物传记从《史记》而来的最多。《新列国志》旁采众家,包括诸子,第六十二回《晋臣合计逐栾盈》中的师旷,第六十七回一开头说到的周灵王太子晋,第六十八回的师涓和师旷,第六十九回《晏平仲巧辩服荆蛮》和第七十一回《晏平仲二桃杀三士》里晏子的故事等,都是诸子著作中的内容。对于书中采集的众家,冯梦龙自己在本书凡例中说:"兹编以《左》《国》《史记》为主,参以《孔子家语》《公羊》《谷梁》、晋《乘》、楚《梼杌》《管子》《晏子》《韩非子》《孙武子》《燕丹子》《越绝书》《吴越春秋》《吕氏春秋》《韩诗外传》、刘向《说苑》、贾太傅《新书》等书,凡列国大故,一一备载。令始终成败,头绪并如,联络成章,观者无憾。"而最后的效果如明代可观道人的序中所言:"本诸《左》《史》,旁及诸书,考核甚详,搜罗极富。虽敷衍不无增添,形容不无润色,而大要不敢尽违其实。"这是在史料基础上进行的合理的艺术加工。

《新列国志》中对春秋五霸、战国七雄之外的著名事件与著名人物,也常常为了增加趣味而进行选取。比如小说从褒姒之乱开始,关于褒姒的前前后后交代甚详,甚至有了神化的描写,带有虚构成分。百里奚妻子杜氏、扁鹊、弄玉和萧史、王子晋升仙等都是历来流传很广的民间故事,插入这些无疑能增加趣味性。《四库全书总目提要》谈及《吴越春秋》时曾说:"至于处女试剑、老人化猿、公孙圣三呼三应之类,尤近小说家言。"①这类故事还有善射者陈音等,《新列国志》都一一选入。当然,这些故事都是在相应的时间点上加入的,比如弄玉和萧史,就插在秦穆公时段中。但这些成分,无疑还是跳跃式的加入。

  除了故事的跳跃性记述,冯梦龙要发挥想象力进行小说的创造,必须靠生动的情节才能打动读者。这些冯梦龙创造的部分很多,在人物的描写方面,虚构之处常常集中在可有可无的一些次要人物上,比如夏姬婢女荷华、周襄王的婢女小东、服侍晋景公如厕的小内侍江忠,都是杜撰的无关大雅的小人物,这些人物的加入使得情节更加连贯。而战争描写一向是中国传统小说中的重头戏,此书亦不例外。春秋战国又是战争很多的乱世,在《左传》《战国策》《史记》中,战争描写往往重视起因而忽略过程与结果,但历史演义恰恰相反,《新列国志》对许多战争进行了小说化改编。在这种改编过程中,可以方便地杜撰很多的将领姓名,如黄花元帅、褒蛮子、西戎主赤班等。与此同时,布阵在书中屡屡出现,甚至有很多趣味性的书写,如第三十四回《宋襄公假仁失众》:"话说楚成王假饰乘车赴会,跟随人众俱是壮丁,内穿暗甲,身带暗器,都是成得臣、斗勃选练来的,好不勇猛!"又如第十一回齐僖公去世之前,召世子诸儿至榻前嘱咐曰:"纪,吾世仇也。能灭纪者,方为孝子。汝今嗣位,当以此为第一件事,不能报此仇者,勿入吾庙!"这一段仿佛五代时李克用父子的对话。在这个意义上,《新列国志》的战事描写虽然有的有章可依,但也有相当一部分是虚构与独创。

  此外,《新列国志》在小说化创造中,还加入了大量的章表奏记、书牍文书。虽然战国时期诸侯国之间往来常常用文书,臣子也

---

① (清)纪昀等《四库全书总目提要·史部·载记类·吴越春秋》,中华书局1965年版,第583页。

须向王陈述事情,百姓之间也有书信往来,这些文体的雏形是存在的,但传世者寥寥。比如章表在书中特别多,但其实春秋战国可能并没有"章表"这样的名称,书中模拟古人口吻,加入了大量的章表。如第五十四回定王十二年春三月,楚令尹孙叔敖病笃,嘱其子孙安曰:"吾有遗表一通,死后为我达于楚王"云云;第五十七回楚共王接得巫臣来表,拆而读之,略云;第四十六回"先且居心疑,偶于案上见表章一道,取而观之",云云。虽然不符合事实,却使得后世读者觉得亲切,这些也是冯梦龙的小说化创造之处。

毋庸置疑,《新列国志》要处理的史料太多,头绪非常纷乱,正如清人李元复所言:"凡于各朝之兴衰治乱,皆有叙述,而《三国演义》最称,其次则《东周列国志》。予谓为《列国志》者尤难,盖国多则头绪纷如,难于联贯;又列国时事多,首尾曲折不具详,难于敷衍,未免使览者厌倦。今观其书,于附会处,每多细意体会。"①这道出了《新列国志》写作的难度。总之,冯梦龙面对众多史料,选取了他认为可以入史的一些,删去了大量鲁国史料,以及无关紧要的历史事件,全书围绕春秋五霸为核心展开记述,同时又博采众家,将很多流传很广的故事也加入其中。冯梦龙善于驾驭短篇小说,"三言"几乎每一篇都精彩,《新列国志》是他晚年创作长篇小说的尝试,而且集中了他治《春秋》的成果而成。此书的创作难度实则是在"三言"之上的。与"三言"等不同,《新列国志》又是一部严谨的历史小说,虚构夸张等小说技法对于冯梦龙来说并不稀奇,而他没有过多采用这些技法,其中的原因,很可能是他创作此书时还保持着严肃的历史观。他严谨求实,又适度进行小说化的虚构,使得《新列国志》成为近三百年来历史演义小说中仅次于《三国志》的一部。

(作者为苏州大学文学院副教授)

---

① (清)李元复《常谈丛录》,转引自孔令境《中国小说史料》,上海古籍出版社1981年版,第98页。

经典今读

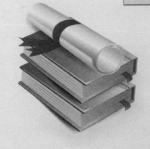

一曲市民道德文化的赞歌

——《施润泽滩阙遇友》论析

陈桂声

摘要:《醒世恒言》第十八卷《施润泽滩阙遇友》,敷演明代后期小市民拾金不昧、终得好报的故事,为传统道德文化高唱赞歌。小说前半部分描写真实自然,情节敷演顺畅,心理刻画细腻,人物形象亦不乏鲜活生动。但后半部分不惜抛离生活真实,刻意将行善得福作为发家致富唯一途径,故作神奇故事,求助怪异,堕入因果报应泥潭,极大地损害了作品的艺术价值。总之,小说瑕瑜互见,具有一定的认识价值和教育意义,在艺术上亦有可借鉴之处,值得一读。

关键词: 施润泽;道德文化;赞歌

《醒世恒言》第十八卷《施润泽滩阙遇友》,是一篇描写明代后期小市民生活的名作。小说敷演小市民拾金不昧、终得好报的故事,为传统道德文化高唱赞歌。本文拟从小说之时代背景及创作宗旨、作品关目设置和情节铺陈、艺术技巧运用三个方面,试予论析,略抒浅见,求正于高明。

一

《施润泽滩阙遇友》的时代及文化背景是明代中后期之江南市井社会,商业氛围浓郁。小说故事发生地为吴江县盛泽镇,是一个素有"日出万匹,衣被天下"盛誉的丝绸重镇。小说正话一开始写道:

苏州府吴江县离城七十里,有个乡镇,地名盛泽。镇上居民稠广,土俗淳朴,俱以蚕桑为业。男女勤谨,络纬机杼之声,通宵彻夜。那市上两岸绸丝牙行,约有千百馀家,远近村坊织成绸匹,俱到此上市。四方商贾来收买的,蜂攒蚁集,挨挤不开,路途无伫足之隙。乃出产绵绣之乡,积聚绫罗之地。江南养蚕所在甚多,惟此镇处最盛。①

据《(乾隆)吴江县志》卷三十八《生业》载:

> 于是盛泽、黄溪四五十里间,居民乃尽逐绫绸之利。有力者雇人织挽,贫者皆自织,而令其童稚挽花,女工不事纺绩,日夕治丝。②

盛泽先蚕祠

(邑人呼为"蚕花殿",位于镇东王龙路南口,建于道光年间)

盛泽镇在明初犹是一小村庄,名青草滩,至明中叶有市,及至清顺治间,始建镇制。但是,到明中叶,盛泽已经蔚然成丝绸业大

---

① 本文所引《醒世恒言》文字,皆见1987年上海古籍出版社影明叶敬池刻本,下不一一注明。
② 《(乾隆)吴江县志》,清倪师孟、沈彤纂,乾隆十二年(1747)刻本,有1991年江苏古籍出版社《中国地方志集成·江苏府县志辑》影印本。下文引《吴江县志》文字,皆见此本,不一一注明。

市,天下皆知。① 黄溪,今人呼为黄家溪,去盛泽东北方十馀里,为盛泽镇管辖之村庄。昔日之黄溪,临靠大运河,得水运便捷之利,市河贯穿其中,有长春桥、泰安桥等横跨其上,两岸商家林立,织工蚁集桥上,以待雇佣,名曰"走桥",远近闻名。②

　　黄溪早于盛泽为蚕桑丝绸大市,有所谓"先有黄家溪,后有盛泽镇"之说,惜乎毁于太平天国战乱,顿成废墟,迅速衰落,一蹶不振。四十年前,黄家溪断桥残垣、础石瓦砾犹随处可见,然当年繁华,犹可想知。可见,吴江一带,借助发达的蚕桑丝绸业,已成为工商业繁荣之区。

　　因而,小说所云,应该是符合当时客观事实的。然而,也正是由于市井手工业与商业文化的兴盛,传统道德文化受到了极大的冲击。《(乾隆)吴江县志》卷五十《集诗》有明末邑人周灿诗云:"水乡成一市,罗绮走中原。尚利民风薄,多金商贾尊。人家勤织作,机杼彻黄昏。"诗歌在描述当地市民勤于织作、丝绸业兴盛的同时,也指出以多金为尊的浇薄民风。这自然与重义轻利的传统道德观相背离,也引起了人们的忧虑。其实,这在明代中后期,可以说是普遍的社会现象和风气。明后期王学左派领袖李贽公开倡言:"如好货,如好色,如勤学,如进取,如多积金宝,如多买田宅为子孙谋,博求风水为儿孙福荫,凡世间一切治生产业等事,皆其所共好而共习,共知而共言者,是真迩言也。"③又云:"穿衣吃饭,即是人伦物理,除却穿衣吃饭,无伦物矣。"④好货好色、穿衣吃饭,自是人之大事,但除却这些,即无人伦物理,李卓吾未免矫枉过正,对当时世风及民俗、民情的变化客观上起了推波助澜的作用。而此类思想以及生活、行为,在明后期社会触目皆是。明末《郓城县

---

①《盛湖志》(清仲沈洙等纂,有乾隆三十五年〈1770〉刻本)卷上《舆地·沿革》:"春秋间名合路,孙吴时名青草滩,唐宋时仍名合路。""明成化间,居民附集,商贾渐通,后遂成镇。今则万家烟火,百倍于昔,其热闹与郡闻门埒。《屈志》称为诸镇第一,信不虚云。"《屈志》,乃清屈运隆纂《吴江志》,有康熙二十四年(1685)刻本,其后人有增补本。
② 参见(清)钱墀纂《(道光)黄溪志》,道光十一年(1831)刻本,有1992年上海书店《中国地方志集成·乡镇志专辑》影印本。
③ (明)李贽《焚书》卷一《答邓明府》,中华书局1975年版,第40页。
④ (明)李贽《焚书》卷一《答邓石阳》,中华书局1975年版,第4页。

志》卷七《风俗》这样记载当时的风俗时尚：

> 迩来竞尚奢靡，齐民而市人之服，士人而大夫之官，饮食器用及婚丧游宴，尽改旧意。贫者亦椎牛击鲜，合飨群祀，与富者斗豪华，至倾囊不计焉。若赋役施济，则毫厘动心。里中无老少，辄习浮薄，见敦厚简朴者，窘且笑之。逐末营利，填衢溢巷，货杂水陆，淫巧恣异。而重侠少年，复聚党招呼，动以百数，椎击健讼，武断推行。胥隶之徒，亦华侈相高，日用服食，拟于市宦。①

显见逐末营利及奢靡风气，南北皆然，亦为时人所不满。但是，不可否认的是，市井社会民众恪守传统道德，以行善祈福为念者亦不在少数，只是在弥漫于世的逐利之风冲击下，传统道德文化日见衰颓，文人学士，多怀忧患，企图挽救世风日下，重整传统道德规范。冯梦龙编写"三言"，分别名之曰《喻世明言》《警世通言》《醒世恒言》，以之"为六经国史之辅"②，其用意即是要将小说作为教化工具，来与日益堕落的世态人情相抗衡。而相较于农村，市镇社会之商业气息浓厚，人们逐利之念与风气也更为普遍，并为社会所认可。小说写施润泽后来"买了左近一所大房居住，开起三四十张绸机，又讨几房家人小厮，把个家业收拾得十分完美"，已是一大产业主。在民国时，若是太平年景，盛泽镇上绸户，家有绸机一张，足保衣食无忧，能有两三张绸机，那完全可以过上小康生活，至于拥有三四十张绸机，就是一个很大的资本家了。而施润泽身处明代，即有偌大产业，实在令人惊叹不已。且不论此种现象是否所谓的资本主义萌芽，仅就小说描写，亦可见当时江南工商业之兴盛，商业文化之发达，已不可避免地影响甚至侵蚀到传统生活方式和道德观念。中国古代社会，士农工商，以农为本，重农抑商，手工业尤其是商业，被视为逐末之事。但在明代社会，"逐末营利"，熙熙

---

① 《郓城县志》，明米嘉穗、孙鲸纂，崇祯七年（1634）刻本，国家图书馆地方志和家谱文献中心编，有2000年全国图书馆文献缩微复制中心《明代孤本方志选》影印本。

② （明）可一居士《醒世恒言序》，见《醒世恒言》卷首。

攘攘,利来利往,已成风气,席卷天下,在商业文化不断冲击传统道德的大潮中,《施润泽滩阙遇友》以丝绸业重镇盛泽为故事发生地,以小手工业者为主角,描写牟利社会中恪守传统、行善积德之举,以歌颂美德,显然更具有典型意义,本无可厚非。为此,小说入话用了两个在民间流传甚广的故事——裴度还带和窦禹钧返金①,来为全篇定下基调:不贪横财,必得好报。然而,作者在创作之初,已经先入为主,鼓吹道德力量对个人命运的决定性作用,立意说教劝世。为达此目的,小说虽从再现生活开始,却未能一以贯之,而是逐渐脱离生活,强行捏造神异情节,导致作品严重违背客观生活逻辑,从而失去读者信任,削弱甚至消除了教育意义,结果完全与作者本意背道而驰。

二

《施润泽滩阙遇友》没有否定发财致富,这自然是符合明代社会进步思潮的。但问题在于如何才能发财致富,或者说,怎样发财致富才是合乎道义,值得肯定和赞许的。小说为读者给出了答案,一言以蔽之:行善积德。

《施润泽滩阙遇友》的故事情节大致可分为三个段落:首先,小说告诉读者,主人公施润泽,原本是个极为普通的个体织户,小本经营生产,维持生计,虽不至于食不果腹、衣不蔽体,但生活还是有点拮据。小说写其在街沿拾得一小包银子,本可占为己有,以作本钱,扩大经营,发展生产,至少也能改善生活。但他念及丢银之人的心情与生活,最终将银子归还失主,不求任何报答,安心回家,并得到妻子的支持,一句"这件事也做得好",将其妻贤惠善良的本性表现得极为真实朴素。诚然,施润泽的行为值得赞赏,但平心而论,这就是一个普普通通的拾金不昧故事,平淡无奇,在现实生活

---

① 裴度,唐名臣,历仕德宗、顺宗、宪宗、穆宗、敬宗、文宗六朝,官至同中书门下平章事,封晋国公,死后赠太傅。两《唐书》有传。还带事不见本传,戏曲小说多有敷演。窦禹钧,五代后周时大臣,官至户部郎中,迁太常少卿、右谏议大夫致仕。见《宋史·窦仪传》。《三字经》有"窦燕山,有义方,教五子,名俱扬",称颂其教子有方。返金事见于小说戏曲。

中也不乏见,但作者极力夸饰,将施润泽抬至道德圣人地位,并使之得神力相助,从此一路发迹无碍。接着,写施润泽为买桑叶与同乡摇船而至太湖边上,上岸讨火做饭,巧遇当年失银之人朱恩,两相欢喜,遂留宿于朱家。由于施润泽阻止朱恩杀鸡款待,在半夜时分搁于梁上之一根车轴掉落下来前,鸡鸣不已,惊动施润泽起来查看,因而未被砸中,躲过一劫。此事颇有偶然性,鸡因觉察细微声响而乱鸣,亦属可能之事。然而作者特意强调此乃鸡之报恩,且将之与黄雀衔环相比拟,显见牵强。事后又写到施润泽因为宿于朱恩家,未与同船买桑人一起过太湖,因而躲过了风暴,而其他诸人皆翻船落水而死,以无辜者之噩运来反衬施润泽之好运,则更见荒唐。其三,即小说后半部故事,写施润泽自此以后,勤劳治业,两次买房子,以扩大再生产和居住,且两次在整修房子时,先后发掘到银锭三千馀两。于是,施润泽真正发家致富,成了一个拥有三四十张织机的大业主。在第三段故事中,还有一个插曲:施润泽第二次掘得的二千馀两银子中,有八锭银子凡二十四两,原本是去盛泽东南方七里之遥黄江泾一位老者的多年积攒,以备养老之用,但小说称老人消受不起,此银子当归施润泽所有,于是让这八锭银子从黄江泾直接投往施家,即使后来施润泽把银子送还老人,八锭银子还是回到施润泽手中。小说的理由是施润泽为善积德,必然要有各类好报。但在读者看来,将一个老人的养老银子攫夺一空,未免大悖情理。虽然小说写了施润泽后来不时接济老人,但先是得人钱财,继而济人贫困,以成就所谓善举,如此行为,作者居然不吝笔墨,大加赞许,实在有违常理。小说开首写施润泽拾金不昧,忠厚老实,但到后来,两次买房,两番修房,两度掘地得银,好运连连,且见钱心喜,全然不曾想到银子主人谁何,欣欣然匿为己有,与原先不昧六两银子的施润泽判若两人,人物形象和性格反差之大,令人愕然。

  小说的本质在于再现生活,俾读者在阅读故事、欣赏情节、理解人物的过程中,得到一些生活真谛的启示。《施润泽滩阙遇友》的前半部分确实相当真实地还原、再现了生活本相和人物心灵,但后半部分却脱离了生活原本应有的实际面貌,而是纯以臆想构建关目,把读者引入虚无缥缈的神灵世界和因果报应的宿命歧途。作品的转折点是施润泽太湖买桑叶,情节敷演逐步离开生活逻辑。及至两次掘得地下藏银,陷入神怪俗套,向壁虚构,越发等而下之,不啻痴人说梦,令人不忍卒读。这显然是作者说教心切所致,失真不实也就在所难免了。

其实,如上所述,写时人经商或从事产业而发家,无涉传统道德,亦不为人所鄙弃。明代后期,人们对于牟利发财,只要不以非法手段和损害他人利益所得,不仅不予鄙视,艳羡之馀,甚至热情肯定。明末凌濛初《拍案惊奇》卷一《转运汉遇巧洞庭红　波斯胡指破鼍龙壳》,写明成化年间,长洲县书生文若虚,读书不成,功名无望,经商失利,潦倒困顿,于是随邑人一起出海做买卖,携太湖洞庭山橘子一篓登船。到了海外,将原本打算于舟中食用的橘子拿到岸上,竟然卖了千馀银币,意外发财。回国途中,避风于海上荒岛,独自上岛游玩,拾得鼍龙壳一张,亦不识为何物。船至福建,一波斯商人以为至宝,用五万金求购鼍龙壳,文若虚因而暴富,遂定居闽地,"从此文若虚做了闽中一个富商,就在那边取(娶)了妻小,立起家业,数年之间,才到苏州走一遭,会会旧相识,依旧去了。至今子孙繁衍,家道殷富不绝"①。这篇拟话本写文若虚无奈而弃儒从商,不经意间接连发财,最终成为富商的全过程,多有巧遇,也不乏传奇性,但既无神怪色彩,也无因果之说,事虽偶然,但合情合理,符合生活逻辑。《施润泽滩阙遇友》写施润泽行善而得好报,"夫妇二人,各寿至八十外,无疾而终。至今子孙蕃衍"。然文若虚既不曾拯危救厄、拾金不昧,亦不假神灵相佑、掘地得财,照样享受同样天大福分,无关是否行善。而且,载文若虚出海之船员,皆为经商者,且多有贪念之人,但小说并未置人于死地,而是让他们各得利益,平安返乡。《施润泽滩阙遇友》为强调施润泽拾金不昧与发家致富之间的因果关系,竟然以满船十馀同乡溺水而亡、老人无以守住养老银子等事例来作对照。试想,在小说中,与施润泽同

---

① (明)凌濛初《拍案惊奇》,1985年上海古籍出版社影印明崇祯元年(1628)尚友堂刻本。

往太湖洞庭山购买桑叶的同乡及黄江泾老人,亦是老实本分之人,并无作恶之事,为了衬托施润泽之福报,不是葬身鱼虾,就是老而无靠。作品欲显施润泽善举得福,然手法拙劣,效果适得其反,与《转运汉遇巧洞庭红　波斯胡指破鼍龙壳》相较,孰优孰劣,不言而喻。

三

小说创作,以人物形象塑造为根本,情节敷演为骨干,心理刻画为血液。如上所述,小说的前半部分在情节铺叙、人物形象塑造和心理描写上,是很见功力的,这不能不归功于作品对人物内心活动的准确把握和精细刻画。对人物内心世界的真实细腻刻画,是情节敷演合乎逻辑、人物形象鲜活生动的关键。在这一方面,《施润泽滩阙遇友》的前半部分做得相当成功。小说在写到施润泽拾得银子时,有这么一段颇为精彩的心理描写:

> (施润泽)行不上半箭之地,一眼觑见一家街沿之下,一个小小青布包儿。施复趱步向前,拾起袖过,走到一个空处,打开看时,却是两锭银子,又有三四件小块,兼着一文太平钱儿。把手撅一撅,约有六两多重。心中欢喜道:"今日好造化!拾得这些银子,正好将去凑做本钱。"连忙包好,也揣在兜肚里,望家中而回。一头走,一头想:"如今家中见开这张机,尽勾日用了。有了这银子,再添上一张机,一月出得多少绸,有许多利息。这项银子,譬如没得,再不要动他。积上一年,共该若干,到来年再添上一张,一年又有多少利息。算到十年之外,便有千金之富。那时造什么房子,买多少田产。"正算得熟滑,看看将近家中,忽地转过念头,想道:"这银两若是富人掉的,譬如牯牛身上拔根毫毛,打什么紧,落得将来受用;若是客商的,他抛妻弃子,宿水餐风,辛勤挣来之物,今失落了,好不烦恼!如若有本钱的,他拼这帐生意扯直,也还不在心上;倘然是个小经纪,只有这些本钱,或是与我一般样苦挣过日,或卖

了绸，或脱了丝，这两锭银乃是养命之根，不争失了，就如绝了咽喉之气，一家良善，没甚过活，互相埋怨，必致鬻身卖子，傥是个执性的，气恼不过，肮脏送了性命，也未可知。我虽是拾得的，不十分罪过，但日常动念，使得也不安稳。就是有了这银子，未必真个便营运发积起来。一向没这东西，依原将就过了日子。不如原往那所在，等失主来寻，还了他去，到得安乐。"随复转身而去。

笔者不厌其烦地移录此段文字，是为了更清晰地看到小说是怎样把人物在财富面前的矛盾心理刻画得栩栩如生，从而精准地将一个见财心喜、转而念及义利、最终舍利取义的淳朴小市民形象，活生生地呈现在读者面前，极为真实可信。施润泽不是圣人，也不是富户财主，六两银子对其而言，是一笔不小的财富。面对飞来横财，施润泽第一个念头是拿回去做本钱，扩大生产，以求更多的产出，从而发家致富。这是一个普通人十分正常的心理反应。但施润泽很快就想到失主丢失银子的困境，换位思考，设身处地为失主焦急，将心比心，于是做出了将银子归还失主的决定，而失主朱恩果然是个朴实农户。这一转变过程自然而流畅，合乎情理。所以，当朱恩要将一两银子做谢仪时，施润泽回答道："你这人是个呆子！六两三两都不要，要你一两银子何用？"也不让朱恩请客作谢，连姓名也未留，径自回家。在这里，小说没有把施润泽写成毫无私心的"圣人"，完全符合一个小市民应有的心理状态，观其心而知其人，故而令人可信。

中国古代白话小说，直接源于说话艺术，以情节曲折、故事新奇取胜，而人物形象塑造则在其次，故于人物心理活动之刻画，往往不甚措意。我们在阅读古代小说尤其是长篇巨著时，总是被作品波澜起伏之故事情节所吸引，然于书中人物何以会如此作为，内心如何思考，则多不甚了了，因而难以知晓人物性格形成之原因，也无从深入理解人物行为之合理性，这在一定程度上削弱了人物形象及小说内容的艺术真实性，不能不说是一个遗憾。

然而，在明代白话短篇小说中，我们却时时看到作品对人物内心世界的精细刻画,剖露人物真实心理,为人物的言行和情节的发展提供合理的解释,使我们得以准确把握和欣赏作品的思想内涵和艺术创造。《施润泽滩阙遇友》对施润泽拾金还银一节的心理描写,已臻炉火纯青境地,堪称经典。

此外,小说写施润泽买桑叶途中,上岸讨火,偶遇朱恩一节文字,人物对话和行为自然和顺,写来亦富于生活气息,表现了下层市民的淳朴性格和真诚情谊,读来令人感到亲切温暖。这也证明,以客观现实为基础,对生活及其环境作如实描写,不强行为生活做注脚,老老实实以艺术手段再现生活中人们的思想和行为,才是小说创作必须遵循的原则,至于艺术技巧之高低,还在其次。设如一切皆为虚空捏造,纵使有极其高妙之艺术手段,也只能制造赝品,为人所不屑。

细读《施润泽滩阙遇友》,作品立意劝人行善积德,颂扬拾金不昧,为市民传统道德文化唱了一支赞歌。作品前半部分,情节虽然平淡,然敷演自然,心理刻画细腻,人物形象亦不乏鲜活生动。并且,小说在敷演故事的过程中,为读者呈现了一幅明代江南市井社会工商业经济繁盛的形象图景。但作者为达到教化目的,后半部分不惜抛离生活真实,刻意将行善得福作为发家致富唯一途径,由是故作神奇故事,求助怪异,堕入因果报应泥潭,愚人耳目,不能不说是失败的。平心而论,《施润泽滩阙遇友》瑕瑜互见,具有一定的认识价值和教育意义,在艺术上亦有可借鉴之处,仍然值得一读。

(作者为苏州大学文学院教授)

论冯梦龙"情教"观的思想内涵

——以《挂枝儿》《山歌》为例

罗 嫦

摘要："情教"是冯梦龙重要的文学理论，也是其"以情化人"的审美思想和通俗文艺观的具体实践。冯梦龙推崇民间俗文学传统，重视通俗文学所蕴含的真挚情感和教化作用，他编纂的山歌集《挂枝儿》《山歌》，便是以"情教"观为理论基础的民间文学的具体实践。

关键字：冯梦龙；《挂枝儿》；《山歌》；情教；民歌

"情"，是民歌传颂的永恒主题。同样，在冯梦龙的审美眼光中，只要是出自至情至性的，出于"真情"的作品，就是值得推崇的好作品；即便离经叛道，与世不谐，他都认为值得肯定。冯梦龙借由他采集、编纂的《挂枝儿》《山歌》[①]，以及对山歌的评注，宣扬了他的"情教"观。

一、旌表"有情"

冯梦龙倡导"真情"，推崇"真情所至，金石为开"(《挂枝儿·私部·耐心(之二)》评注)。在《挂枝儿》《山歌》中，表达男女真情的山歌有很多。

> 要分离，除非是天做了地；要分离，除非是东做了西；要分离，除非是官做了吏。你要分时分不得我，我要离时离不得你。就死在黄泉也，做不得分离鬼。(《挂枝儿·欢部·分

---

① 此文中所引《挂枝儿》《山歌》文字均见《冯梦龙全集》第10册，凤凰出版社2007年版。

离》)

"除非是天做了地","除非是东做了西","除非是官做了吏",将三个依常理不可能发生的事件连在一起,表达了内心坚定、真挚的情感,道明了无论生死都不能与情人分离的坚贞,"就死在黄泉也,做不得分离鬼"。山歌中的主人公以坚决的态度和决绝的勇气去抗争,给人以强烈的艺术感染力。冯梦龙评注为"说得煞落"。这种感天动地的真情,让人想起汉乐府民歌《上邪》:"上邪,我欲与君相知,长命无绝衰。山无陵,江水为竭。冬雷震震,夏雨雪。天地合,乃敢与君绝。"多么凄美动人的爱情誓言!类似的还有敦煌曲子词《菩萨蛮》:"枕前发尽千般愿,要休且待青山烂。水面上秤锤浮,直待黄河彻底枯。白日参辰现,北斗回南面。休将未能休,且待三更见日头。"这首曲子词,女主人公用她热烈奔放的情感表达了自己的誓言,感人肺腑,散发着极强的艺术感染力。词中的想象多样而新奇,主人公一连想到六种自然景物和非现实现象,词中的奇伟想象正是由主人公的深情所激发,而想象又使所表达的情感更加真挚和感人。

> 寄书来,未拆封,先垂泪。想当初行相随,立相随,坐卧相随。还只恐梦魂儿和你相抛离。谁想今日里,盼望这一封书。你就是一日中有千万个书来也,这书儿也当不得你。(《挂枝儿·想部·得书》)

这首山歌读来令人耳目一新。主人公好不容易盼来了书信,却没有急着看信一解相思之苦,而是"未拆封,先垂泪"。显然,这对男女之间情感甚笃,这从主人公收到信后的反应中便可以轻易看出来。"就是一日中有千万个书来也,这书儿也当不得你",相思之情溢于言表。没有矫揉造作和刻意为之,完全出于"真情",是真真切切的"矢口之歌","不雕琢而味足"(《挂枝儿·感部·月》评注)。

俏冤家，我待你真心实意。全不料你待我面是背非，把恩情一旦都抛弃。两人心下里，自有老天知。明知你是个薄情也，我只是念念不忘你。(《挂枝儿·想部·不忘》)

俏冤家，我与你恩深情厚。我纵与别人好，怎肯把你来丢。你为何恋新人忘了奴旧。我好劝你你又不听我，我苦争你又怕结冤仇。不如狠一狠的心肠也，啐，各自去丢开了手。(《挂枝儿·隙部·发狠》)

我情郎一去好希奇，轻夏过秋再弗归，当初来往是谁请你，如今撒我，被人说是讲非，姐道郎呀，个样事对人前说弗得也有天知道，我只顾夜夜烧香咒骂渠。(《山歌七·咒骂》)

有情，也不仅仅是柔情蜜意、缠绵缱绻，有时也会表现出"恨"和"怨"，所谓因爱生嗔，因嗔生怨，这不是无情，恰恰相反，这是有情人爱到极致的一种无可奈何的情境，以上山歌充分说明了这一点。冯梦龙也说："说丢开，正是他不忍丢开处，所以佳。"(《挂枝儿·隙部·发狠》评注)

在冯梦龙山歌集中，旌表"有情"的山歌篇目还有很多。《挂枝儿》大部分皆是旌表"有情"之作，例如：想部，是有情人的悒悒相思之曲；别部，是有情人依依不舍之离情；怨部，对情人埋怨、指责，进一步表达思念之情；感部，皆为触景生情之作；咏部，借物喻人，似在咏物，实则将有情人的强烈情感蕴含其中。《山歌》是男女"私情谱"：私情四句、五杂歌四句、咏物四句、私情杂体、私情长歌、杂咏长歌、桐城时兴歌，从每一辑的命名中，便可看出这里面旌表"有情"的篇目绝不在少数。其中，非常具有代表性的有《挂枝儿·私部·真心》《挂枝儿·私部·调情》《挂枝儿·欢部·泥人》《挂枝儿·欢部·寄书》《挂枝儿·想部·送别》《挂枝儿·想部·寄别》《山歌一·月上》《山歌一·赠物》《山歌二·有心》《山歌三·久别》等，不胜枚举。

二、谴责"无情"

有情人多，无情之人也不少。冯梦龙山歌中就多次用"薄幸人""冤家""负心贼"来谴责和咒骂"无情"之人。正所谓"因离生隙,因隙生怨,因怨生恨,恨到极处,竟成'踏地唤天'式的咒骂"①。

  骂一声,负心贼,你因何恋新忘旧。那一日,看上了你,只为你温柔。谁知你绵里藏机彀。我一时在人前夸你的好,今日覆水好难收。教我一面耐你的亏心也,一面耐傍人的口。(《挂枝儿·隙部·负心(之三)》)

  告诉你爹,这薄幸子一定不忠不孝;告诉你友,这薄幸人休要相交;告诉你妻,这薄幸夫也须留心防着;告诉普天下掌祸福的神灵听,这样薄幸贼莫恕饶;再告诉他日做墓志的官人也,莫把他薄幸名儿除掉了。(《挂枝儿·怨部·告诉》)

  结识私情弗到头,扯破情书便罢休。百脚旗上火发竿着子,有壶无箭来投。(《山歌三·弗到头》)

这些山歌,情感浓烈奔放,语言泼辣生动,从中可以看出男女两性关系的不平等。但与前人诗文中常见的"怨妇"心态不同,《挂枝儿》和《山歌》中,女性在遭受背叛和抛弃后,不再是自怨自怜的心理,她们不哭诉不哀怨,而是大胆咒骂和谴责无情之人。这是对封建礼教的控诉和挑战,彰显出女性的独立姿态,在一定程度上可以说是女性主体意识开始觉醒的讯号,这是明代世风变迁和女性观念有所改变的表现。

谴责"无情"的这部分山歌,主要为谴责移情别恋、见异思迁、有了新人忘旧人的薄情之人。这类山歌主要集中在《挂枝儿》隙部和怨部。

  你风流,我俊雅,和你同年少。两情深,罚下愿,再不去跳槽。恨冤家瞒了我去偷情别调。一般滋味有什么好,新相交难道便胜了旧相交?扁担儿的塌来也,只教你两头儿都脱了。(《挂枝儿·隙部·跳槽(之一)》)

---

① 周玉波《明代民歌研究》,凤凰出版社2005年版,第68页。

歌中的"跳槽",字面意思是牲口离开槽头到别的槽头去吃食,现在的引申义是人离开原来的工作另谋高就。在明清小说或笔记中,跳槽一词经常出现,关于跳槽一词的源头,杨慎《升庵诗话》做过考证,认为"元人传奇以(魏)明帝为跳槽,俗语本此"①。徐珂《清稗类钞》中说:"原指妓女而言,谓其琵琶别抱也,譬以马之就饮食,移就别槽耳。后则以言狎客,谓其去此适彼。"②清末韩邦庆的谴责小说《海上花列传》里,"调头""跳槽"频繁出现在旧上海妓院中的嫖客身上。而在这里,跳槽是青楼女子对嫖客的哀怨,指责嫖客喜新厌旧,见异思迁。

    做梦儿,也不想你心肠改变。我也曾有好处在你先前,谁知你忽地里将他人恋。恨只恨我无眼,我也再不敢埋怨着天。忘了我的恩情也,保佑别人儿将你闪。(《挂枝儿·怨部·心变》)

女子做梦也没有想到情人会移情别恋,但她接受了这个现实,不埋天怨地,只恨自己当初没有将他看清,所托非人。她谴责男子的薄情,诅咒无情人将来也被别人抛弃。

    渠搭私情三四春,一场吃醋走进子是非门。姐道郎呀,过子八月半重阳蚊子口开花我听你拆帐罢,叫化和尚口里念个耍正经。(《山歌三·拆帐》)

所谓"拆帐",旧时指某些行业(如戏班、饮食、理发等行业)的工作人员无固定工资,根据收入和劳动量,按比例分钱,也泛指按比例分配某种利益。而在这里,拆帐指散伙,离异。女子控诉伴侣勾搭私情,决意与他拆帐。

---

① 田东江《无雨无风春亦归——报人读史札记(第4集)》,商务印书馆2013年版,第98页。
② 转引自文若愚《语言常识全知道》,中国华侨出版社2015年版,第112页。

类似的篇目还有《挂枝儿·隙部·醋》《挂枝儿·隙部·骂》《挂枝儿·隙部·情淡》《挂枝儿·隙部·漏言》《挂枝儿·隙部·散伙》《挂枝儿·怨部·狠》《山歌三·哭(之二)》《山歌三·弗到头》《山歌三·做身分》等。

在男尊女卑的封建社会,男人三妻四妾再正常不过,更不用说见异思迁将女子随意抛弃了。而一般女子在遭遇背叛和抛弃后,多忍气吞声,自怨自艾,怪自己遇人不淑,剩下的也就是黯然神伤,独自抹泪。最典型的要数《诗经·卫风·氓》,女子悲痛地诉说自己从幸福恋爱到被丈夫虐待并被遗弃的过程。女主人公遭遇了丈夫的背弃,家人和兄长的不接纳,最终只有痛苦又无奈地独自去承受这份不幸。

冯梦龙在《情史》尾评中说:"有情疏者亲,无情亲者疏。"冯梦龙提倡"情教",希望人与人之间以真情相待,谴责无情无义之人。"夫妇其最近者也,无情之夫,必不能为义夫,无情之妇,必不能为节妇。"①在这里,他认为"无情"便不是"义夫""节妇"。很显然,冯梦龙所谓的有情和无情,不单停留在人们相互之间的情感上,而是将之上升到了理性的高度,赋予其伦理道德的意义和价值取向。

三、宽容"私情"

不同于鼓吹"饿死事极小,失节事极大"的理学甚严时期,晚明社会对男女之事相对宽松、开放,"好色""好货"受到追捧,婚外情等男女私情也在一定程度上被理解和接受。在《叙山歌》中,冯梦龙就明确表示《山歌》是男女"私情谱",所以把男女青年暗通情愫、非传统的通过父母之命媒妁之言私订终身的、有妇之夫或有夫之妇偷情的、爱情中的多角关系都归类到"私情"。由此不难推测,冯梦龙对于私情是维护和欣赏的。②

---

① (明)冯梦龙《情贞类尾评》,见《冯梦龙全集·情史》,凤凰出版社2007年版,第36页。
② 陈泳超《冯梦龙的真情民歌观》,见屈玲妮主编《冯梦龙研究(第1辑)》,苏州大学出版社2015年版,第5页。

俏冤家,人面前瞧奴怎地。墙有风,壁有耳,切忌着疏虞。来一会,去一会,教我禁持一会,你的意儿我岂不晓,自心里,自家知。不好和你回言也,只好咳嗽一声答应你。(《挂枝儿·私部·咳嗽》)

冯梦龙评:"咳嗽不已,便成痨怯矣。仔细着。"冯梦龙仅以戏谑的口吻对他们的私情进行调侃,很显然对他们的私情并没有反对和谴责。

感深恩,无报答,只得祈天求地。愿只愿我二人相交得到底,同行同坐不厮离。日里同茶饭,夜间同枕席。死便同死也,与你地下同做鬼。(《挂枝儿·欢部·感恩》)

冯梦龙注解:"第二句系余所改。旧云:'愿只愿我二人做一对夫妻。'反觉味少。"相较而言,冯梦龙更倾向于情真意切的私情。因为夫妻间更注重传统伦理道德所讲究的名分,情感反而降到次等地位,因此他"反觉味少",将其进行改动。

肩膀上现咬着牙齿印。你实说那个咬,我也不嗔,省得我逐日间将你来盘问。咬的是你肉,疼的是我心。是那一家的冤家也,咬得你这般样的狠。(《挂枝儿·欢部·问咬》)

这首山歌反映了男女情感中的多角关系(相似的还有《山歌四·两郎(三首)》《山歌四·兄弟》《山歌四·婢》)。女子发现情人肩膀上有牙齿印,一般人肯定醋意大发,谴责男人对他们情感关系的不忠,按理说这样的无耻之徒就算被咬死也活该,哪还会为他心疼。但是此首山歌的女主人公异乎常理,她非但没有恼羞成怒,反而为他心疼,"咬的是你肉,疼的是我心",还埋怨"咬得你这般样的狠"的那个人。

旧人儿抱怨我与新人厚,新人儿撺掇我把旧人丢,总恩情

莫论新和旧。旧人也不舍,新人也不丢。一个儿天长也,一个儿地久。(《挂枝儿·私部·情长》)

小年纪后生弗识羞,邨了走过子我里门前咦转头。我里老公谷碌碌介双眼睛弗是清昏个,你要看奴奴那弗到后门头。(《山歌一·看》)

郎爱子姐哩姐咦爱子郎,偷情弗敢明当当。姐有亲夫郎有眷,何弗做场交易各成双。(《山歌三·交易》)

在《挂枝儿》和《山歌》中,表现两人感情中一方背叛和不忠于另一方的山歌有很多,如《挂枝儿·私部·骂杜康》《挂枝儿·隙部·查问(四首)》《挂枝儿·隙部·漏言》《挂枝儿·隙部·心虚》;《山歌》中更多,《山歌一·弗骚》《山歌一·半夜》《山歌一·瞒天(二首)》《山歌三·怕老公》《山歌三·新嫁》《山歌三·嫁》《山歌四·婢女》。其他如写女子未婚先孕,或意外怀孕的也数见不鲜:

悔当初与他偷了一下,谁知道就有了小冤家。主腰儿难束肚子大。这等不尴不尬事,如何处置他。免不得娘知也,定有一顿打。(《挂枝儿·私部·愁孕》)

姐儿肚痛呷姜汤,半夜里私房养子个小孩郎。玉指尖尖抱在红灯下看,半像奴奴半像郎。(《山歌一·孕(之五)》)

姐儿像个梅子能,嫁着子介个郎君口软阿一介弗爱青。姐道郎呀,我当初青青翠翠邨间吃你弄得黄熟子,弗由我根由蒂瓣骂梅仁。(《山歌六·梅子》)

冯梦龙指出:"天下事被豪爽人决裂者尚少,被迂腐人耽误者最多。何也?豪爽人纵有疏略,譬如铅刀虽钝,尚赖一割;迂腐则尘饭土羹而已。而彼且自以为有学有守,有识有体,背之者为邪,斥之者为谤,养成一个怯病天下,以至于不可复而犹不悟,哀哉!"①冯梦龙猛烈抨击道学的迂腐对社会造成的危害,反拨礼教和道学枷锁束缚人们的行为,压制人们的情欲,扼杀纯真的性灵。在部分私情山歌的注解中,冯梦龙或对缔结私情的男女加以调侃,或在私情遇阻力时为有情男女打抱不平,或揶揄和嘲讽男女间的情感趣事。从那些注解中可以看出,冯梦龙对违背传统伦理的私情是持宽容态度的。

四、包涵"孽情"

将乱性、男风、娈童、妓女假情等归于"孽情",是晚明"人情以放荡为快,世风以侈靡相高"②的社会写照。

(一)乱性

从广义上说,乱性泛指破坏社会常规的行为,它与一般民众的传统道德认知有很大差异,因此往往会引起强烈的道德谴责。在《挂枝儿》《山歌》中,乱性的现象也有所体现。

> 姐要偷来妹㖭要偷,三个人人做一头。好像虎面子上眼睛两个孔,衔猪鬃皮匠两边抽。(《山歌四·姐妹》)

这首山歌写的是姐妹俩一起和男子发生关系。关于乱性的还有《山歌四·姑嫂(两首)》《山歌四·娘儿(两首)》《山歌四·阿姨(三首)》等。

晚明社会张扬情欲,"反道乱德",就连和尚尼姑这等本应恪守清规戒律的出家人也纵情声色,放纵私欲,这是明代中后期世风浇薄、宣淫导欲之风盛行的又一有力佐证。如:

> 小尼姑猛想起把偏衫撇下。正青春,年纪小,出什么家。守空门便是活地狱,难禁难架。不如蓄好了青丝发,去嫁个俏

---

① (明)冯梦龙《迂腐部序》,见《冯梦龙全集·古今谭概》,凤凰出版社2007年版,第1页。
② 周玉波《明代民歌研究》,凤凰出版社2005年版,第101页。

冤家。念什么经文也,佛,守什么的寡。(《挂枝儿·杂部·小尼姑》)

小和尚就把女菩萨来叫。你孤单,我独自,两下难熬。难道是有了华盖星便没有红鸾照。禅床做合欢帐,佛面前把花烛烧。做一对不结发的夫妻也,和你光头直到老。(《挂枝儿·杂部·小和尚》)

(二)男风

同性恋在历史上流传甚广,上至帝王将相,下至士绅平民,都存在过同性恋关系。明万历后,在繁荣发达的江南地区,上至达官贵人,下至商贾文人,嫖娼成风,男妓象姑馆也数量不少。道德观念的开放和宽松,崇尚自由和张扬情欲的思想主张,是明清两代男风盛行的主要原因之一。同性恋关系多以享乐和猎色为主,男风满足了人们对男色的需求,但并不影响个人的结婚生育,因此,中国古代对男风所持态度多是不褒不贬的。

痴心的,悔当初错将你嫁,却原来整夜里搂着个小官家。毒手儿重重的打你一下,他有的我也有,我有的强似他。你再枉费些精神也,我凭你两路儿都下马。(《挂枝儿·隙部·男风》)

冯梦龙评:"男风之说,《素问》已及之,其来远矣。然破老破舌分戒男女,未有合而一者。迩年间往往闻女兼男淫,亦异事也。适有狎客述夫人自称曰'小童',题破云:'即夫人之自称,而邦君之所好可知矣。'可发一笑,因附记此。"在此,冯梦龙只是就男风这一现象做出陈述,并没有进行批判和指责,他仅仅认为"可发一笑,因附记此",可见冯梦龙并没有认为男风有多么不堪。冯梦龙将关于男风的山歌也辑录在山歌集中,而对这一世风没有作过多评价,仅仅是"点到为止",体现了他包涵和接纳的态度。

(三)妓女假情

明初由于官府的支持,娼妓业尤为兴盛。"洪武初年,建十六楼以处官妓,淡烟,轻粉,重译,来宾,称一时之盛事。"①到了明朝中期,官营妓院因朝廷的禁令开始走向没落,私营妓院因而更加兴盛。晚明时期,娼妓之风愈演愈烈,"明万历之末,上倦于勤,不坐朝,不阅奏章。辇下诸公亦泄泄沓沓。然间有陶情花柳者,一时教坊妇女,竞尚容色,投时好以博赀财"②。万历年间,上至百官,下至商贾平民,均有狎妓之风。娼妓中,有品行较好的艺妓,也有一味求财,虚情假意的娼妓。娼妓在冯梦龙山歌集中也有所体现。

  老鸨儿拿银子在钱铺上换,换钱的说道是一块铅。一斤只值得三分半。忘八顿下脚,妈儿哭皇天。整日里哄人,天那,谁知人又哄了俺。
  小姐姐双膝儿忙跪下。告娘亲息怒果是我差。是铜是铁权且收留下。虽然不折本,只是便宜了他。再来的低银也,在试金石上打。(《挂枝儿·谑部·鸨妓问答》)

这首山歌描写的是嫖客以铅块充银子哄骗了老鸨儿,老鸨儿气急败坏,"整日里哄人,谁知人又哄了俺",骗人的终究被人骗。妓女却说是她的错,"虽然不折本,只是便宜了他",从这可以想见,平日里老鸨儿和妓女使尽浑身解数哄骗嫖客的钱财,什么动听的奉承话都能说出来,实际上只是冲着银两去的,哪有什么感情可言。

  哭情人,哭出他银一锭。一头送,一送哭,一头袖了银。老妈儿问道:"你哭他则甚?""非是我哭他,暖暖他的心。见了他的银子也,越发哭得紧。"(《挂枝儿·杂部·哭情人》)
  子弟们初出景听我教导。第一件要老成,切莫去闹。小娘们就是活强盗。口甜心里苦,杀人不用刀。哄了你的银子也,他又与别人好。(《挂枝儿·杂部·妓(之一)》)

---

① 转引自王书奴《中国娼妓史》,北京团结出版社2004年版,第201页。
② 转引自王书奴《中国娼妓史》,北京团结出版社2004年版,第199页。

烟花寨伏下红绵套。绣房中香喷喷是刑部的天牢。汗巾儿上小字儿是个勾魂票。没法了,他把头发剪,苦肉计将皮肉烧。动不动说嫁也,你问他嫁过几个人儿了。(《挂枝儿·杂部·妓(之二)》)

有情哥,你须是频频到。有情哥,你多请些酒共肴。有情哥,我把你终身靠。有情在口里叫,无情在肚里包。果是个真情也,不要财和宝。(《挂枝儿·杂部·妓(之三)》)

这几首写妓女的山歌,把妓女说成"活强盗",把绣房比作"刑部的天牢",凸显了妓女对嫖客的虚情假意,他们之间有的大多是虚情假意,难得有真情实意。在这里,冯梦龙只是将这几首山歌辑录在此,并没有做出评论,不能看出冯梦龙的态度。不过,从冯梦龙的其他作品中可以看出,他对有才有德的娼妓还是不反感的,甚至持欣赏的态度。对于行迹于市井民间,体察过底层民众生活的冯梦龙来说,他早已了解底层人民生活的辛酸和不易,看透了这些生活际遇的无可奈何,也就能对她们的遭遇和行为表示同情和理解,乃至包涵。

总之,冯梦龙作品中体现出的对情欲的肯定和主张婚姻自由,以及女性独立自主的意识,与冯梦龙个人的自由主义精神追求是紧密相连的,也反映了当时冲破封建观念束缚,凸显人的自我意识的精神追求。冯梦龙的"情教"观是明代社会思潮的反映,是"尊情适性"理论的延续和发展。冯梦龙提倡"情教",以求达到"以情感人""以理化人"的理想境界。正像冯梦龙《叙山歌》中所说,"借男女之真情,发名教之伪药"是他编纂山歌的动机,也可以说是他宣扬"情教"的目的。

(作者为苏州大学文学院2014级文艺学硕士研究生)

明清文化

试论短篇白话小说文体在清代的新变

董国炎

摘要：中国短篇白话小说在文学史上的出现相对较晚，冯梦龙"三言"标志着短篇小说文体格式的基本定型。冯梦龙之后，李渔、石成金、艾衲居士等创作的短篇白话小说，追随效仿"三言"的基本写法，并不断出现各种新变，逐渐形成有意识的创新。

关键词：短篇白话小说；冯梦龙；李渔；石成金；艾衲居士

现代文艺学很重视文学形态研究，韦勒克《文学理论》有一个重要观点，认为文学类型史是文学史研究中最有前途的领域。这一观点给文学分类研究和转型研究带来活力。古典小说转型是内因、外因相结合，渐进、突变相结合，量变、质变相结合的复杂过程。转型对"五四"以后白话小说的兴盛，具有积极的准备意义，很值得研究。正因为类型生成和类型演变均非偶然，研究难度和研究空间都很大，所以才更具有吸引力。

一、冯梦龙"三言"确立短篇白话小说文体模式

中国短篇白话小说在文学史上的出现时间相对较晚，唐宋以后是快速发展时期。短篇白话小说的文体形式与佛教通俗宣讲、与说书艺术都很有渊源，有一套渊源于说书的形式规范，如：回目明晰，文字整齐；通常有引首诗；用一个或几个入话引出正话；散文为主，也穿插诗词；常有"看官""且说""分解"等专门用语；叙述和议论相结合；等等。这种小说文字通俗易懂，读者也多。这种形式特征，在明代整理刊刻的宋元话本中已经相当普遍，至明人拟话本小说而定型。

冯梦龙"三言"可以标志这种文体格式基本定型。"三言"作品数量多，120篇作品基本统一的样式，说明了小说文体格式的基本定型。冯梦龙之后有大量短篇白话小说追随效仿"三言"的基本写法，正反映这种文体格式被广泛传播和接受。文学的发展就是不断出现各种新变，逐渐形成有意识的创新。这种创新的积累，就构成文体转型的尝试，很有积极意义。而且小说文体格式转型，还联系着古代文学审美趣味的变化及衔接，值得关注和研究。

二、李渔尝试短篇白话小说文体变化

李渔作为清初重要的短篇白话小说家，尽管历经社会会动乱，家庭经济状况颇有起伏和困难，仍然以很大精力投入短篇白话小说文体新变之尝试。他的《无声戏》《十二楼》都是精心结撰之作。"无声戏"这种命名，反映了他对小说的理想：他特别重视戏剧性，充分运用关目结构，注意并运用人物性格差异，制造很多阴差阳错的巧合，导致很多让人忍俊不禁的结果。这类努力并不是文体格式方面的新变，但是这类努力会影响到小说的写法，影响到诸多形式因素。尽管李渔小说并不是具有深刻思想性的作品，但是李渔小说努力营造戏剧性，想让读者获得看戏的效果，他这种努力对改变"劝诫小说"的写作格套，具有一种内在的推动作用。所谓劝诫小说，指某些拟话本小说末流之作，过分追求正统劝诫教化作用，而在艺术方面相当低能，不重视运用故事情节和艺术形象表达自己的倾向性，而是直接发表大段议论，直接表达作者自己的倾向性。喋喋不休的大段议论，严重冲淡了故事情节和对人物形象的艺术刻画。

李渔的《十二楼》也很独特，这部小说集的故事大都曲折有趣，精心安排关目，具有较强的戏剧性。这部小说集共十二篇，彼此并不关联，但是全书各篇的题目都冠以"楼"字，好像各种"楼"构成了"楼群"，具有一种新奇别致的特点，容易吸引读者兴趣，增加作品的可读性。李渔的小说很注意人物刻画，人物语言生动，故事结局固然也体现善恶有报的观念，但是说教议论比较少。在故事题材和内容的选择上，大多是轻松有趣的风流故事，虽然不够厚重，但是也有积极的社会意义。有情人最终成为眷属,嫌贫爱富者受到惩罚,穷秀才科举得意,纨绔公子却狼狈不堪……这类轻松的"团圆"结局,符合读者的接受心理,并且对戏曲也有影响。这对当时很多小说充斥正统说教的写法,无疑也是一种提高。在一定时期内,这对短篇白话小说的创作是一种推动。孙楷第先生对李渔小说做出很高评价:"说到清朝的短篇小说,除了笠翁外,真是没有第二人了。"①孙楷第贬抑清代多数白话短篇小说,却明确褒扬李渔的创作,充分肯定了李渔对短篇白话小说创作做出的贡献。

三、石成金对白话小说形式大胆创新

清代前期另有短篇白话小说家,在形式方面完全摒弃以往固有格式,大胆创新,努力寻找新的写法。其作品在内容方面和形式方面都有新颖之处。由康熙后期经雍正到乾隆初年,扬州小说家石成金的《雨花香》《通天乐》,具有独特意义。石成金字天基,扬州人,康熙、雍正至乾隆初期著名通俗文人。他一生笔耕不辍,撰写了大量通俗著作,既有小说、笑话、小曲、谚语等俗文学作品,更多涉及普通饮食器物、日常养生保健、陶冶性情等生活各方面内容。他的总汇性杂著《传家宝》流传甚广,影响很大。《光绪增修甘泉县志》云:"石天基辑《传家宝》一书,流传海内。其书上至仕宦,下逮士农商贾百工,与其日用服食居处之琐,分门备载,卷轴颇繁,无不切近易行。"②他这两部小说集也编在《传家宝》之内,流传颇广。

石成金是高度世俗化之人,他热爱生活,兴趣广泛,趣味由雅返俗,自得其乐。他知识渊博,写作勤奋,加以长寿,有大量独具风貌的通俗著作。他这两部小说集的全名是《新刻扬州近事雨花香》《新刻扬州近事通天乐》,两书共52篇白话短篇小说。这些小说,从形式到内容都很独特,如在题目、作者署名方式、语言、叙事角度等很多方面,都与常见白话小说不同。众所周知,中国文人创作白

---

① 孙楷第《李笠翁与〈十二楼〉》,人民文学出版社2006年版,第251页。
② 陈浩恩等《中国地方志集成·光绪增修甘泉县志》,江苏古籍出版社1991年版,第223页。

话小说,一般采用笔名,他们的真实姓名常是被人考证出来的。石成金是位文人,他有研究经学的著述。他阅历丰富,交游广阔,家境也不错。扬州知府曾为他的《传家宝全集》作序,也反映其社会地位不低。石成金作为一个文人作者,不但大量运用第一人称写白话短篇,而且一直署自己的真实姓名。所以郑振铎称赞他是"中国白话小说史上,第一个署真名的作者"①。写通俗小说而敢署真名,其实反映出他写这些小说时很坦然的创作心态。他的小说题目,大都采用很直白的三字句,不追求题目的形式之美;也放弃短篇白话小说广泛采用的入话和引首诗词,而是直奔故事主体;用很通俗的语言,开门见山讲故事。这在古代短篇白话小说历史上,是前所未有的。

  石成金的短篇小说写法独特,如果把他说成文言小说的大力改造者,可能也合适。当然他改造之后的小说,应当属于短篇白话小说的新形式,又很像民国初年报刊上一些不大讲究的白话小说。他的小说文字以白话为主,也杂有部分零散文言。题目都是很短的散句,有时候很通俗,有大量描述下层生活的俚语俗称,没有诗词韵味。正文中也不见诗词。很多题目本身就是充满下层生活气息的人物绰号,例如《村中俏》《洲老虎》《铁菱角》,都是以人物绰号作题目,由这些绰号,可以推想这些人物的性情和行为特点;另有一些题目简单直白地交代故事梗概,例如《老作孽》《空为恶》《剐淫妇》之类,一看这些题目就能了解作品写什么内容。石成金小说叙事不讲什么技巧,总是用浅显的语言直接进入事件。他很喜欢采用第一人称,给人相当真实的感觉,好像后来《申报》之类早期报刊上的记者文字。《少知非》这篇落笔就说:"我有个朋友姓郑,名君召。"下面质朴地叙述这个朋友在父母去世后,受了帮闲篾片引诱,出入赌场和妓院,"我"怎样苦苦劝他悬崖勒马,用事实教育他,这个朋友最终浪子回头。石成金这种小说显得艺术性一般,却另有一种独特的吸引力,反映社会生活,反映当时各种人物,

---

① 郑振铎《中国文学研究·明清二代的平话集》,人民文学出版社2000年版,第408页。

都很真实,作品的认识价值很高。

石成金笔下,"我"经常出现:有时在街上围观卖药的道士,有时跟随众人去看淫妇受刑,有时向别人打听地痞流氓的劣迹,随即真实记录下所见所闻,偶尔抒发几句感慨。这个"我"仿佛天生是扬州街头一个爱热闹者,尽管当时没有记者一说,但是他的言行堪称一个有正义感的业余记者。小说叙述者给自己的独特定位,与小说的内容是统一的。石成金自己虽然不是故事中的重要人物,但他直接参与,增强了故事的可信度和逼真感。《剐淫妇》通篇写淫妇的故事,用第三人称叙事,但是淫妇被处死时,"我"又随众人观看,用第一人称真实客观地描述剐刑场面。这种写法,同传统话本小说通篇第三人称,全知视角的叙事写法,确实很不相同。传统话本小说,受佛教宣讲影响很大,辗转继承了居高临下说法的形式要素,采用全知视角叙事,天上地下,前生后世,无所不知,理直气壮。而石成金经常采用第一人称叙事,也就是采用了限知叙事。这种叙事方式增强了情节的可信性和真实感,拉近了同读者的距离。

石成金小说不要入话头回部分,开门见山地进入正文的叙写,这与传统话本小说差别更大。石成金对小说语言选择通俗白话,更为自觉,而这源于他的理论认识。他的《俚言自叙》专门提出这个问题,指出:"天下人众,以大概论之,读书明道之通士仅居小半,而不读书与少读书之常人,转居大半。若以深奥文言向常人谈说,犹方底圆盖,不能领略,说与不说同也……在读书通士,自必鄙此书之俚俗,然而有益于天下之不读与少读书者不小矣。"①

石成金小说形式上的创新,与内容的独特互为表里。他的小说具有浓郁的市民气息,具有明显的社会性和新闻性。《雨花香》《通天乐》两部小说共52篇作品,写的就是"吾扬近时之实事"。他把"扬州近事"这种地域性、时事性特点刻作书名,可以反映以此为号召的广告意识,也反映这类特点在当时受到欢迎。他故事中的主角多数是市民阶层人物。仅就《通天乐》12篇而言,其中的

---

① (清)石成金《传家宝》第一集,岳麓书社2002年版,第1页。

人物有自设乐境的退隐官吏、发财心切的小商贩、扶弱锄强的义士、作恶多端的地痞、刻薄的家主婆、纳妾丧命的秀才、不贪外财的老板、欺压佃农的劣绅、不念旧恶的奴婢、骄傲自大的官僚、念佛有功的懒和尚。其中，扬州市民占据了多数。作品的具体描写也符合下层市民的欣赏口味，如作品中的人物大多有绰号诨名。有些还直接以诨名作为文章的标题，如《铁菱角》《洲老虎》《村中俏》。另外如《倒肥鼋》中的"大肥鼋""二肥鼋"，《老作孽》中的"赛张生"，《还玉佩》中的"赛西施"，《柱贪赃》中的"现剥皮"，《空为恶》中的"土灰蛇"，《失春酒》中的"蝎鳌子"，这些都是下层市民熟悉的生动语言，用作故事中人名，很有表现力。石成金的小说也刻画了另一类有特色的人物。如《雨花香》第一种《今觉楼》，写扬州文人陈正过着隐于市井的生活，不拘习俗，安于贫贱，喜欢沉思，喜爱艺术，特别是爱绘画，也以绘画为生。他有两个密友，一个是种菜的，一个是懒和尚，三人一起闲谈，话题无所不包。当时有个京城显贵请他去京城作画，懒和尚劝他不要去，他便回避了，直到那个大人物的使者回京，才出头露面。这位画师似乎预示了若干年后《儒林外史》中的王冕其人。这三位朋友则让人想到《儒林外史》结尾的市井四奇人。这位画师还令人想到其后的"扬州八怪"。总之，石成金小说敏锐地反映出当时社会生活中一些新的倾向或者苗头。

石成金小说的社会性和新闻性，受到前辈专家注意。孙楷第称赞石成金小说记载的都是实事。戴不凡《小说见闻录》称石成金的小说"不妨存之清初社会史料簏中"，并且这样评论石成金的创作："纯以个人耳闻、目击、身历之事为短篇小说者，彼似为小说史上之第一人。"①

石成金小说追求社会性、新闻性和地方特色，因而获得一种独特的史料价值。如《人抬人》写康熙年间江都知县熊开楚的故事。熊开楚康熙二十六年（1687）任江都知县，石成金本人就与熊知县有过交往。再如《剐淫妇》《尊变卑》两篇都记载施世纶的故事，都

---

① 戴不凡《小说见闻录》，浙江人民出版社1980年版，第188页。

写到自己亲眼所见及亲耳所闻,增加了可信性。施世纶于康熙二十八年(1689)出任扬州知府,这两篇故事大约是施世纶事迹最早进入小说。后来鼎鼎大名的《施公案》长篇小说里,有两个情节与这两篇小说很相似。其间具体的源流影响关系难以理清,但反映"社会新闻"性质的故事在市民社会生活中比较容易传播。对社会新闻的关注和追求,应当是市民文学的一个特点。

四、艾衲居士《豆棚闲话》的重要价值

康熙年间问世的艾衲居士《豆棚闲话》追求形式创新,整体结构突破传统话本小说模式,很值得注意。传统短篇话本小说有一些明显的特点,每篇作品都是独立的,如果若干篇作品构成一部小说集,小说集之内其实互不关联。冯梦龙、凌濛初的"三言二拍"就是这样。这种编排方法成为主要模式,晚明以后,很多小说集都是这种情况,谋求变革者少之又少。冯梦龙等小说家继承宋代以来话本小说传统,在叙述主干故事之前,必有一段"入话",由说书人议论一番,或者讲一个相关小故事再结合议论,逐步引出主干故事。这种入话方式,适合说书先生的需要,但是当话本小说从说书底本转变为案头文学之后,入话的浅显小故事以及议论,有时候就成为可有可无的附加物,影响读者的阅读兴趣。明末清初开始,有人尝试改变入话形式。艾衲居士的《豆棚闲话》,开篇一改所谓说书人一拍惊堂木,口念"话说……"这种好像居高临下宣讲的讲述模式,变成众人杂谈的热闹场面,大家首先七嘴八舌,然后选定中意的话题,推出讲故事之人。整篇作品在众人随意问答当中,巧妙而自然地进入正题,当然有时候也讲述或正或反的相关小故事,刺激众人的阅读兴趣,引出主干故事。这相当于经过改造的入话与正话。

艾衲居士的《豆棚闲话》新颖别致。《豆棚闲话》全书共有12篇,12个故事,这12个故事中的人物,或者是介之推、范蠡、西施、伯夷、叔齐等古代名人,或者是完全虚构的历史人物。各个故事相互独立,本来并无关联,然而作者却通过讲故事的地点——一座乡间院落的豆棚下面,讲故事和听故事的人们——众多豆棚下乘凉

聊天的各类人物,讲故事的时间——由春天豆棚初绿直到秋天豆秧枯黄,把所有故事动态又自然地衔接起来。"故事会"的开始与结束,随着自然时序推移,显得合情合理,收放自如。作者有意识地追求自然变化,讲故事的地点不变,听众群体基本不变,但讲故事的人物常常变化,或老者,或青年,或村学究,或农家子。配合豆棚下花开豆长,景物变化,豆棚主人或者煮豆或者烹茶,众人围绕各种话题,有不同的反应,有各种议论和追问,气氛多变,增添生活气息。

在叙事方面,每个故事被引导出来的方式各有不同,作者努力营造一种自然的气氛。很多故事先写众人随意闲话,从无际漫谈当中引出话题。某人谈起的事情或者观点,如果引起人们的兴趣乃至怀疑了,便会要求此人详细叙说,于是此人便自然成为讲故事的人。"豆棚闲话",成为对叙事氛围、现场人物关系的特殊限定,这也限定了讲故事人的叙述方式和讲话语气。豆棚下的讲述者不再是书场里的说书先生。说书等讲唱文艺与佛教俗讲有渊源。佛教僧侣面对芸芸众生讲经说法,自然有居高临下的口气。开场时的押座文,也含有镇压全场、警醒凡愚的意味。这些,对后来说书人的语气和引首诗开场等形式有影响。加之书场里的下层听众没有文化,说书人就是文化传播者,容易产生居高临下的语气。书场里听数众多,开场前人声嘈杂,说书人以响亮铿锵的引首诗开场,既能静场,又先声夺人,也是必要的。然而豆棚下气氛不同,讲故事者面对乘凉闲谈的同伴,不能采用居高临下的语气,也不必采用先声夺人的开场形式。说书先生面对书场里陆续进场的听众,会陷入一种矛盾:一方面希望听众越多越好,愿意再等一阵才开讲,一方面又怕现有听众等得厌烦甚至走掉。于是采取折中办法:先开讲,但不讲正题,只讲或正或反的相关小故事,既可以引导正题,又便于稳住听众。这就是正话之前先要入话的原因。豆棚下讲故事,不需要这样入话。有时也讲述或正或反的相关小故事,主要是为了配合正题,引起听众思考,增加说服力与感染力。《豆棚闲话》的叙事方法,特别是进入话题的方法与叙事口吻,都与传统话本小说不同。"豆棚闲话",这不但是现场人物关系和环境氛围的特殊限定,也对叙事语言和叙述形式做出了限定。这部小说把互不关联的故事串联组合起来,还常常有意揭示它们之间的思想联系和精神纽带。这种组合故事的方式,前所未有。对此,郑振铎先生给以很高评价:

> 全书皆以在豆棚之下的谈话为线索,一气贯串下去,却是从前任何话本集所不曾有过的体裁。此种"故事索"的体裁,我们在印度、波斯、阿剌伯诸故事集中,常常见到。世界最有名的故事集《天方夜谈》,便是运用这个体裁以联结无数小故事而成为一书的……印度的《故事海》,欧洲的《十日谈》等很多世界著名小说集都是这种体裁,但在中国古典小说中却仅仅见有《豆棚闲话》一种而已。①

美国学者韩南特别重视《豆棚闲话》,称这种结构方式为"框架故事",指出《豆棚闲话》"是中国小说史上第一个框架故事集"②。他对这种框架形式后继无人深感遗憾,他的重要著作《中国白话小说史》一书,以《豆棚闲话》一书作为中国白话小说史的终结,深层原因或许就在于此。

当然,任何白话短篇小说若想受到全面认可与接受,如果仅仅依靠形式创新,那肯定还不够,必须形式、内容两方面都有足够的吸引力。事实上本文所讨论的李渔、石成金、艾衲居士的作品,确实在两个方面都有重要价值。本文主要讨论形式艺术,然而上述作品在思想内容方面也都有可观之处。李渔小说往往如同讽刺社会黑暗的欢乐轻喜剧,石成金小说反映清代前期扬州的社会生活,有很强的社会性、新闻性和尖锐性,认识价值极高。《豆棚闲话》表面上轻松惬意,实际多数是嬉笑怒骂的社会讽刺小说。如书中借伯夷、叔齐的故事发泄民族情绪,伯夷饿死在首阳山上,叔齐却害怕吃苦,贪恋富贵,溜下首阳山去投靠新朝。作者大胆虚构,任

---

① 郑振铎《郑振铎文集》第 5 卷,人民文学出版社 1988 年版,第 408 页。
② 韩南《中国白话小说史》,浙江古籍出版社 1989 年版,第 192 页。

意挥洒，却又写得像模像样，让人耳目一新。范蠡和西施的故事，也是翻案佳作。故事中，范蠡贪婪阴险，西施内心丑陋阴暗。范蠡贪污大量金银珠宝，害怕败露，害怕越王勾践惩罚自己，于是只好辞官。自称"陶朱公"，其实本意就是想逃避诛戮。西施在吴国多年，知道范蠡的底细。范蠡从越国领取的珍宝很多，除献给吴王之外，自己中饱私囊不少。西施想挟制范蠡，范蠡却先下手为强，诱骗西施到船头看月亮，猛然将其推落水中淹死。作者还装模作样地引证唐诗"至今惟有西江月，曾照吴王宫里人"，令人啼笑皆非。小说中还有介子推的故事等很多篇，不但形式新颖有趣，内容方面也都很有吸引人的独特长处。多年来，很多小说史或者文学史著作忽视了这些勇于变化的清代短篇白话小说，这种情况应该纠正。

（作者为扬州大学文学院教授、博士生导师）

晚明著名串客彭天锡考

郑志良

摘要：彭天锡为晚明"妙绝天下"的串客,也是当时文坛与艺坛上有名的人物。本文通过对彭天锡生平事迹的考证,不仅还原出晚明一位著名戏曲"串客"的历史人物,更重要的是还让我们一窥冯梦龙时代的文人和戏曲艺人生活的真实情状。

关键词：彭天锡；晚明；戏曲；文人生活

戏曲表演中的所谓"串客",就是我们今天所说的票友,他们不是专业演员,属于戏曲爱好者,但是串客之中也不乏技艺高超的人,他们的表演艺术水平甚至超过很多专业演员。在晚明,就有这样一位"妙绝天下"的串客——彭天锡,俞樾称"彭天锡串戏"与"柳敬亭说书"为同时绝技。相对于柳敬亭而言,我们对彭天锡了解的并不多,甚至连他的籍贯都弄不清楚,也有把他看成是以串戏为生计的戏曲艺人。从文献记载来看,入清以后,人们似乎很忌讳提到彭天锡这个人,个中缘由,耐人寻味。本文结合明清文人别集、家谱、方志等材料,考察彭天锡的生平与家世,并探讨后世讳言彭天锡的原因。

一、彭天锡其人

在戏曲演出史上,彭天锡之所以有名,与张岱的《彭天锡串戏》一文有关。文曰：

> 彭天锡串戏妙天下,然出出皆有传头,未尝一字杜撰。曾以一出戏,延其人至家,费数十金者,家业十万缘手而尽。三

春多在西湖,曾五至绍兴,到余家串戏五六十场,而穷其技不尽。天锡多扮丑净,千古之奸雄佞幸,经天锡之心肝而愈狠,借天锡之面目而愈习,出天锡之口角而愈险。设身处地,恐纣之恶不如是之甚也。皱眉视眼,实实腹中有剑,笑里有刀,鬼气杀机,阴森可畏。盖天锡一肚皮书史,一肚皮山川,一肚皮机械,一肚皮磊砢不平之气,无地发泄,特于是发泄之耳。余尝见一出好戏,恨不得法锦包裹,传之不朽;尝比之天上一夜好月,与得火候一杯好茶,只可供一刻受用,其实珍惜之不尽也。桓子野见山水佳处,辄呼"奈何!奈何!"真有无可奈何者,口说不出。①

这是张岱的一篇名文,从中可以看出张岱对彭天锡的表演推崇备至,称"恨不得法锦包裹,传之不朽",可惜晚明的时候还没有留声设备,等留声机传入中国时,彭天锡又再次被提及。俞樾《咏留声机器》诗曰:

明人彭天锡,串戏妙天下。每串一出戏,足值千金价。有客忆梦游(原注:张岱著《梦忆》一卷),为之大叹咤。彩云顷刻散,好花容易谢。安得缝锦囊,抑或制锦帊。将此紧包裹,不使漏孔罅。悲欢与离合,嘻笑与怒骂。一一皆存留,久久不消化。持赠后之人,千秋长鲙炙。(原注:以上并《梦忆》之说)此特戏语耳,戏语固非真。乃今有奇制,出自西洋人。竟能留其声,不啻传其神。其下有机器,默运如陶钧。其上有若盘,旋转如风轮。一针走盘中,入扣丝丝匀。如螺盘屈曲,如蚁行逡巡。声即从此发,莫测其何因。老夫坐而听,须臾声屡变。关大王《单刀》,杨太真《小宴》。慷慨秦琼歌,呜咽窦娥怨。不知谁按歌,竟未与觌面。既非声传风(西人有德律风能传言语),又非报走电。颇疑彭天锡,尚于此中潜(原注:慈艳

---

① (明)张岱《陶庵梦忆·西湖梦寻》,作家出版社1995年版,第115-116页。

切)。虽得闻其声,其人固难见。吾知梦忆翁,于此犹未餍。"①

俞樾未能听到彭天锡的演唱,但听着留声机中传出的《单刀会》《小宴》等曲目时,俞樾感叹张岱竟戏语成真。

在晚明文人中,张岱与彭天锡非常熟悉,他在自己的文章中多次提到彭天锡。如《刘晖吉女戏》中有:"彭天锡向余道:'女戏至刘晖吉,何必男子?何必彭大?'天锡曲中南董,绝少许可,而独心折晖吉家姬,其所赏鉴,定不草草。"②《不系园》中有:"甲戌十月,携楚生住不系园看红叶。至定香桥,客不期至者八人:南京曾波臣,东阳赵纯卿,金坛彭天锡,诸暨陈章侯,杭州杨与民、陆九、罗三,女伶陈素芝。余留饮。章侯携缣素为纯卿画古佛,波臣为纯卿写照,杨与民弹三弦子,罗三唱曲,陆九吹箫。与民复出寸许界尺,据小梧,用北调说《金瓶梅》一剧,使人绝倒。是夜,彭天锡与罗三、与民串本腔戏,妙绝;与楚生、素芝串调腔戏,又复妙绝。"③张岱对彭天锡的串戏常用的词就是"妙""妙绝",其倾倒之情可以想见。张岱说"金坛彭天锡",意指彭天锡是金坛县人,这是一种错误的说法,在清代各个时期所修的《金坛县志》中找不到任何关于彭天锡的记载,实际上,彭天锡是常州府溧阳县人,当代戏曲史家蒋星煜先生在《"彭天锡串戏妙天下"》一文中已有所考辨。④ 本文对这一问题作进一步申论。

顺治十八年(1661)状元、溧阳人马世俊有《祭彭天锡太亲翁文》:

> 呜呼哀哉!翁之逝于湖上也,余以避兵入山,不获迎翁丧于道路,既又不获哭翁灵于丧次。翁嗣君卜其宅兆而迁翁之灵,余又不获尽执绋执绋之礼,乃欲为文,稍报翁平昔知爱之

---

① (清)俞樾《春在堂诗编》甲辰编,清光绪二十五年(1899)刻春在堂全书本。
② (明)张岱《陶庵梦忆·西湖梦寻》,作家出版社1995年版,第111页。
③ (明)张岱《陶庵梦忆·西湖梦寻》,作家出版社1995年版,第75—76页。
④ 见蒋星煜《中国戏曲史钩沉》,上海人民出版社2010年版,第519—528页。

意,而笔不忍下也。翁性豪逸不羁,诙谐调笑,万夫辟易,如孔公绪议论嘘枯吹生,余虽不善谑,而接翁之谈论,则不为之称快不止。翁喜接天下贤士,如李元礼座中皆名流,庞、刘诸公坐百尺楼,相对不知何者分主客,余虽不知名,而侧翁之几席,则不为之尽欢不止。翁量不多饮,而好与知己相酪酊,如崔宗之白眼举觞,青莲、左相诸君一呼数斗,余虽不嗜饮,而闻翁之呼召,不为之强醉不止。翁才最奔宕奇纵,文章、乐府流布人间,如傅修期上马击贼,下马可草露布,余虽不能诗文,而观翁之题咏满墙庑,则不为之酬赓亦不止。呜呼哀哉!翁之谈论其可复接耶?翁之呼召其可复闻耶?问翁之几席,则已上赋玉楼矣;问翁之墙庑,则已落月屋梁矣。平昔之与翁善者,或扼腕愤嗟,或支颐叹息,而亦念此何时哉?人民城郭之是非,风景河山之变易,彼挈瓶灶走西东而营营朝夕者,何不达也?乃翁之生,则徜徉于吴越之间,五湖烟水,啸歌言怀,带甲满天地,而曾不足累翁胸次。及翁之死,方与碧云彩霞变化摩荡,朝昆仑而夕溟渤矣,而区区愤嗟叹息,又何足为轻重欤?余友葵若闻翁变,扁舟辞母,挂布帆竟去,扶榇远归,若不知有兵戈道路之警者,是虽葵若仁孝不可及,而亦未必非翁灵所致也。翁有嗣如此,又何藉于余所言乎?呜呼哀哉!①

此文作于顺治二年(1645),彭天锡死于本年。马世俊称彭天锡为"太亲翁",是因为马世俊之子马宥已聘彭天锡之子彭旭的女儿。彭旭字旦兮,号葵若,马世俊有《丁亥春二月儿子宥完室寄彭旦兮亲翁启》②,说明他们的子女于顺治四年丁亥(1646)完婚。而彭旭可以确定是溧阳人,《(嘉庆)溧阳县志》中有彭旭的传记。③另外,清初方文有《为彭旦兮母夫人寿》诗,诗中有"濑上彭君别十年",濑上即溧阳的别称。蒋星煜先生根据这些材料推断彭天锡是

---

① (清)马世俊《匡庵文集》卷九,清康熙刻本。
② (清)马世俊《匡庵文集》卷十,清康熙刻本。
③ 《(嘉庆)溧阳县志》卷十三《人物志·文苑》,清李景峰、陈鸿寿修,清史炳、史津纂,嘉庆二十年(1815)刻本。

溧阳人，而非金坛人。蒋先生籍贯也是溧阳，对家乡的史料很是熟悉，这个推断是完全正确的。实际上，在《（嘉庆）溧阳县志》卷十"选举志·例贡监"栏内即有"彭应瑞，字天锡"。上海图书馆藏《溧阳彭氏宗谱》卷十六"十三世表"载："应瑞，字天锡，行一五七，景明公子，居城西。万历己丑七月初三日生，顺治乙酉九月十七日卒。"①据此，我们可知彭天锡，名应瑞，生于万历十七年己丑（1589），卒于顺治二年乙酉（1645），得年五十七岁。谱中又载彭天锡"钟鸣鼎食，座客恒满，似乎田文、郑庄；山介水隈，吴歌楚舞，不啻习池、金谷。以视家藏金穴而犹锱铢琐屑、鸡鹜争食者，亦霄壤矣"，这与马世俊《祭彭天锡太亲翁文》中所述颇为一致。马世俊的祭文亦见于《溧阳彭氏宗谱》卷四十六。

彭天锡在晚明时期交游很广，其中不乏一些知名人士。如倪元璐有《题彭天锡像赞》云："不可处之朝廷，此非夔龙；不可置之岩壑，此亦非冥鸿。孰谓诏使之可图姜子，而虎头之能貌谢翁。不林不市者，以此御空；亦衫亦履者，以此游通。是故麋鹿之群，亦子之金马；王公之门，亦子之墙东。有五岳之气，有九渊之容。吾昨日揖其人，叹乃生所未见；今日礼其像，如故人之再逢。天下之难遇而易交者，其惟是公。"②倪元璐（1593—1644），浙江上虞人，天启二年（1622）进士，历官至户、礼两部尚书。李自成陷京师，元璐自缢殉国，福王谥文正。

祁彪佳有《夏日与吴二如、彭天锡、浦长卿诸友集餐胜楼，次彭天锡韵》诗二首："半塘春水半楼台，入画偏宜点翠苔。为问湖光多入眼，却因好友共衔杯。人方竞醉苏堤月，我独闲寻处士梅。更得石交堪岁晚，年来郁郁为君开。""为访知交上碧台，一痕屐齿破青苔。衫裁杏子宜春鬓，风送荷香到酒杯。咏入层楼餐绛雪，歌当子夜落妆梅。如何烽火传来急，北望中原泪眼开。"③阮大铖有《同虞来初、冯犹龙、潘国美、彭天锡登北固甘露寺》："莫御凭高意，同人况复临。云霞邻海色，鸿雁赴霜心。川气饮残日，天风侮定林。

---

① 《溧阳彭氏宗谱》，民国木活字本。
② （明）倪元璐《倪文贞集》卷十七，清文渊阁四库全书本。
③ （明）祁彪佳《远山堂诗集》，清初祁氏东书堂抄本。

无嫌诵居浅,暝月已萧森。"①阮大铖是晚明著名戏曲家,他名列阉党,南明弘光朝掌权时,迫害东林党人,后又降清,政治上弄得声名狼藉,在戏曲上却造诣精深,彭天锡与他交往甚密,两人在戏曲方面应有共同喜好。从阮大铖的诗歌中也可以看出,彭天锡与著名的通俗文学作家冯梦龙亦相识。彭天锡有"一肚皮书史",且"题咏满墙庑",祁彪佳与其有诗唱和,说明彭天锡亦擅诗,只是我们以前从未见到彭天锡的诗歌,《溧阳彭氏宗谱》卷四十六"诗存初集"中录有彭天锡诗三首:

莫愁湖夜眺

锦城西郭静,沙外庾公楼。
树影团僧舍,云光护鹭洲。
山随晴色变,月傍水痕浮。
兴到忘归晚,寒风薄客裘。

晚　江

风卷微波生绣纹,古村烟火出榆枌。
山光远近连天合,柳色阴晴隔岸分。
孤桨独摇斜岭日,片帆遥逐渡江云。
牧童骑犊看归鹭,两两惊飞落后群。

岕中晓晴

斜谷春残绿满林,万山飞雾作轻阴。
雨声夜过西岩急,云影朝屯北壑深。
石下沙平添虎迹,峰高树杪出泉音。
悠悠客思浑无定,寒薄微风吹素襟。

二、彭天锡家世

彭天锡生活豪奢,交游广泛,在晚明文坛与艺坛上也是有名的

---

① (明)阮大铖撰,胡金望、汪长林校点《咏怀堂诗集》,黄山书社2006年版,第108页。

人物。他为了请人扮演一出戏,费去数十金,"家业十万,缘手而尽",彭天锡何以有这样的派头?这与他的家世有关。

据《溧阳彭氏宗谱》载,溧阳彭氏原居地为河南瀛洲,唐代天宝年间,自河南徙居江西宜春,再迁庐陵;至宋末元初,名彭显者,由庐陵迁居溧阳,为溧阳彭氏始迁祖。传至第八世彭绰,家业渐兴。

彭绰字希孟,号菊庵,生于景泰元年(1450),卒于嘉靖十三年(1534),有四子:诩、试、谦、讷。(《溧阳彭氏宗谱》卷十一)

彭诩为正德五年(1510)举人;彭试,字德明,号敬竹,授鲁府典膳,为彭天锡高祖父;彭谦,字德光,号荌东,生于成化十五年(1479),嘉靖二十三年(1544)进士,授工部屯田司主事,亦卒于该年。彭谦为彭天锡本生高祖父,因为彭试早岁无子,彭谦第二子彭若愚过继给彭试为子。(《溧阳彭氏宗谱》卷十二)

彭若愚,彭天锡曾祖父,字伯颖,号伍山,生于弘治十六年(1503),卒于万历三年(1575),授浙江布政司经历,升福建都阃经历。子一:钦宁。(《溧阳彭氏宗谱》卷十二)

彭钦宁,彭天锡祖父,字正甫,号与白,生于嘉靖六年(1527),卒于万历九年(1581),由布政司理问升南京兵马。子二:尚明、尚德。(《溧阳彭氏宗谱》卷十三)

彭尚德,彭天锡父亲,字景明,号凤泉,生于嘉靖二十八年(1549),卒于天启二年(1622),任光禄寺署丞,升福建断事;妻子李氏,宜兴芳庄人,"饶州府同知李延存女、浙江右布政李守俊之姑"。彭尚德与李氏育一子,即彭天锡;女六人:"长适归州知州蒋立敬长子、监生蒋我续;次适戈旗庠生周之桢;三适金坛监生于廷点;四适武进进士福建廉使吴之鹏长孙、庠生吴养廉;五适武进进士、福建泉州府推官刘纯仁次子、举人刘熙祚;六适下庄锦衣卫镇抚史金。"(《溧阳彭氏宗谱》卷十四)

彭天锡的母亲李氏出自宜兴的望族,她的侄儿李守俊(即彭天锡的表哥),万历二十九年(1601)进士,是当时著名的东林党人,清人陈鼎《东林列传》卷十九载:"李守俊字念敬,由进士授高要令,两入秋闱,皆称得人,以治行擢户部主事。司榷九江,未及期而课足,即放关通舶,免其税,商人德之,为立祠以祀焉。历官至司道。天启五年,迁广西布政。时天下藩司皆为逆珰建祠,守俊耻不赴任。珰使御史田景新,劾守俊党高攀龙,削夺听勘。崇祯改元,补广西布政,召对,改湖广左布政,卒于官。榇过九江,父老相率携鸡酒泣奠,曰:'放关一事,目中不可复睹矣。'"①

彭天锡的妻子为光禄寺卿、金坛人史弼之女,谱中载:"孺人金坛史氏,光禄寺卿企愚公女。万历癸巳六月十一日生,康熙丁未七月初九日卒,享年七十五岁……子一:旭。"(《溧阳彭氏宗谱》卷十四)史弼(1552—1638),字伯直,号企愚,万历二十年(1592)进士。彭天锡的岳父家在金坛,而金坛与溧阳是毗邻两县,这可能是张岱误称"金坛彭天锡"的原因。

从彭天锡的家世来看,除了他的本生高祖父彭谦是进士出身外,他的曾祖、祖父、父亲并无科第经历,却皆为官,这有可能是以贡生或监生的身份走入仕途。彭天锡的父祖虽官位不高,但他母亲家与岳父家皆为当时显宦之家,而他众多姐妹的联姻也形成了一个庞大的亲属网络。彭天锡是家中独子,在这样一个家族中,彭天锡生活奢华、出手阔绰,也就不难理解。而且,彭天锡家还有一座为时人钦羡的私家园林——夏林园。

钱谦益曾言:"江南称园亭之胜,以溧阳彭氏为第一。"②所指即为彭氏夏林园。王世懋《游溧阳彭氏园记》极写夏林园之胜:"嗣是回环历乱,不可穷诘。或入松林,或下竹冈,毛立棋布,尽如真山。或树杪见水,划然游空,或径穷转磴,翛然别构。所历亭馆无数,都不甚宏巨,阁崿架水,点缀清华而已……酒罢复循南岸行,见山花媚于道周,紫薇烘于木末,真令人应接不暇。稍折而北,更得一潭,竟不辨所自来。但睹水际大松十余株,秀色参天,老藤缠之,臃肿支离,与树无别,蟠若潜虬,怒若攫龙,挂若饮猿,盖园最胜处也……大都此园之胜,在长松修竹,广陂高岭,以地近山宜松故。而主人自其祖进士谦儿时已有兹园,园可百许亩,且七十余年,祖及孙世增修之,则园之松又以年胜,即贵介王孙,倾巨万赀为之,不

---

① (清)陈鼎《东林列传》,文渊阁四库全书本。
② (清)钱谦益《钱牧斋全集》,上海古籍出版社2003年版,第1033页。

能骤致,宜余之啧啧于兹园也。兹园之名不闻天下,则以在僻壤故,而彭氏子孙亦以僻能久有兹园也夫。"①王世懋说彭天锡的高祖彭谦"儿时已有兹园",夏林园约始建于弘治年间,此后绵延近两百年,一直到康熙年间、彭天锡孙儿辈还拥有该园。汤宾尹《睡庵稿》诗集卷十一有诗《沧屿、夏林是濑上史、彭两园名,我以丁巳携家来游,颇熟其境。沧屿旧为园主作记,夏林与其旧主人饮宴数日,今皆不在,为之怆怀。丁卯九月二十日》②,丁巳为万历四十五年(1617),汤宾尹来到彭天锡家,与彭天锡父亲饮宴数日,《睡庵稿》文集卷二十四有《彭光禄夏林园卷跋》云:"夏林竹树蓊葱,搅天辟日,即绕树之藤,争雄乔木,非数百年物不能。予一游未餍,归自善权,假宿信信。主人可七十长矣,矫健俊异,如臂鹰少年。因悟夫老幼盛衰,争相消息于天壤间,惟得道者操其常胜,可以不朽。而人果能寄心区外,游思尘表,久暂主客,俱可相忘,亦足消人间校量竞忌之俗心矣。"③题中"彭光禄"即指彭天锡父亲彭尚德,因为他曾任光禄寺署丞。汤宾尹与彭天锡家来往,并游夏林园,因为他与彭天锡的岳父史弼是同年进士。

彭天锡儿孙中也不乏知名之人,尤其是其子彭旭,崇祯十五年(1642)举人,"声望夙重,为人伦所仰"④,在明末清初,亦是享誉士林之辈。《溧阳彭氏宗谱》卷四十有户部浙江司郎中、翰林院庶吉士诸定远所作《寿州学正孝廉葵若彭公传》:

> 公讳旭,原字日升,更字旦兮,号葵若。读传至"庄子之知不如葵,葵犹能卫其足",因感而自号。幼岐嶷敏捷,弱冠采芹,大江南北,知名之士,无不与交称善。然意气自负,偶几微不平言论,辞色间不为少屈,盖其性然也。壬午,举于乡,文名

---

① (明)王世懋《名山游记》,明万历刻本。
② (明)汤宾尹《睡庵稿》,见《四库禁毁书丛刊》集部第63册,北京出版社1997年版,第523页。
③ (明)汤宾尹《睡庵稿》,见《四库禁毁书丛刊》集部第63册,北京出版社1997年版,第331页。
④ (清)李景峰、陈鸿寿修,(清)史炳、史津纂《(嘉庆)溧阳县志》卷十三《人物志·文苑》,嘉靖二十年刻本。

益著,兼善汉隶八分,吴梅村、萧尺木常称之,以为韩择木、蔡有邻不是过。申、酉间,沧桑变更,世居西郊大厦,悉遭兵燹。太翁天锡先生,客游在外,忽焉讣至,葵若哀毁不欲生。迎柩归家,丧葬尽礼。事母史孺人尤孝,问寝侍膳,朝夕有常色,笑依依,壮年犹孺慕。时例孝廉多作令,且有进秩刺史者。葵若独曰:"吾母已老,吾不敢远宦,惟广文地近,可为。"于是,秉铎云阳者两年。庚戌,闻太孺人变,即日奔归,附身附棺,极尽其诚,勿之有悔。枕块读《礼》,延挚友芮城同作《礼记通识》。服阕,补寿州学正,患脾疾,卒于官。生平最好聚书,凡经史子集,无不藏积。其间字有讹谬,必为之校正,分类收贮,编成卷目,坐拥百城。吾师马侍读公,曾为序以传之。明季,溧邑绅士文会犹未盛,葵若纠同人严条约,初立名声社四子,后广为濑渚十三子。所著有《夏林艺》《慎思斋稿》,尤善四声,其令坦马书渊梓之溧诗中,已见一斑矣。娶金沙史氏御史企愚公孙女、进士大玉公长女,能诗文,明禅理,生二子二女。子昌时、怀古,昌时夭亡,怀古援例任广西梧州府怀集县知县。长女适侍读公长子州同马宥,次适金沙文学粲修史公长子宗柳,盖以中表联姻者。侧室席氏,生一子征兰,援例入太学。①

彭旭之子彭怀古,字采南,继为夏林园主人,"园之名胜,闻于江左。自伍山至于葵若,历世俱单,然号称极盛。采南承七世之遗烈,良田绣错,甲第连云,僮仆数百指,婢妾数百人,服饰器用之华,梨园声伎之美,见者目眩心惊"②。彭家在甲申、乙酉之际,虽遭兵燹,但到彭怀古手上已然恢复。彭怀古处世之风颇类其祖彭天锡,亦好戏曲,并蓄有家班,方中发《白鹿山房诗集》卷八《濑江唐五聚邀游夏林,主人出家僮演剧,欢饮竟日,同董班若及家仲兄作》云:"十里河村画舫轻,桑麻绕舍雨初晴。板桥香径亭台影,曲巷疏篱鸡犬声。尽日笙歌忘战伐,百年松桧想升平。醉归多谢沿堤月,不

---

① 《溧阳彭氏宗谱》卷四十《寿州学正孝廉葵若彭公传》。
② 《溧阳彭氏宗谱》卷四十《太学馨符彭公传》。

惜清光送入城。"①

从彭天锡的家世我们可以看出,他热衷串戏,但并非一个专业演员。蒋星煜先生说:"另一个问题是彭天锡的身份,张岱既然称誉他'一肚皮书史',他的演戏属于业余串演的可能为大,所以当初认为他不是专业演员,现在也要重新考虑。如果他是一般文人,应该见于县志,应该有点诗文流传下来,而且他十之八九要参加复社的。县志和复社名单中均未列名,则仍应认为是专业演员,其文化修养、艺术造诣亦较同一辈人为高而已。"②所谓专业演员,是指以演戏为职业并以之为生计的人,彭天锡有优渥的生活条件,无须靠演戏为生,况且晚明时期,优伶的地位还很低,他的家世也不允许他这样做。张岱说彭天锡到其家"串戏五六十场,而穷其技不尽",彭天锡串戏应是一种癖好,就如同张岱在《祁止祥癖》中所说的"祁止祥有书画癖,有蹴鞠癖,有鼓钹癖,有鬼戏癖,有梨园癖"一样,彭天锡亦有串戏癖,但不能把他看成专业演员。

三、彭天锡与阮大铖

通过彭天锡生平与家世的考察,我们可以看出彭天锡是位世家子弟,他的家世虽不如张岱显赫,但也是晚明的一位名士。然而,彭天锡死后如泥牛入海,很快就不见踪迹,在他家乡方志《溧阳县志》中也不见其事迹的记载,县志中有其子彭旭的传记,似乎是刻意避去彭天锡,如称彭旭"幼奉母史训,读书攻苦,期为名儒",而不提其父;况且彭天锡受到过倪元璐的称赞,并与祁彪佳唱和,这两位明代名臣一因李自成陷京师而殉国,一因抗清而死节,但都受到清政府的褒奖,而且倪元璐的著作还被收入《四库全书》中。过去修方志,本地人与史上名人的交往尤其受到关注,《溧阳县志》的修撰者不可能不知道彭天锡其人,以及他与彭旭的父子关系,但在方志中回避这些,应该有一定的缘由。笔者认为,这与彭天锡在南明时期投靠阮大铖有关。

彭天锡原本就与阮大铖交往密切,阮大铖的《咏怀堂诗集》中

---

① (清)方中发《白鹿山房诗集》,清刻本。
② 蒋星煜《中国戏曲史钩沉》,上海人民出版社2010年版,第527—528页。

有多处提及彭天锡,叙述了他们之间非同一般的情谊。如《咏怀堂诗集》卷三《舟中彭天锡见过》云:"泛宅如篱下,良朋晨夕来。看山臻薄讽,陶菊藉深杯。野雀烟间旅,繁虫露下开。狂歌动清夜,海月更崔嵬。"①诗中阮大铖称彭天锡为"良朋",虽是舟中过访,但自朝至夕,两人饮酒高歌,情意相投。《咏怀堂诗外集》乙部《寿彭天锡配史孺人四十》云:"仙坛琪树未荒芜,鸡犬花源近可呼。弄玉彩云元并史,彭郎霞屿更连姑。五噫歌拟从鸿隐,三徙居能课凤雏。岂第斯皇夸藿服,紫泥还与濯侏儒。"②彭天锡妻子史氏生于万历二十一年(1793),则阮大铖此诗应作于崇祯五年(1632),它表明至少在崇祯五年(1632)彭、阮二人已稔熟。《咏怀堂丙子诗》卷下《彭天锡还溧阳,止饮感赋》云:"长荡霜鳖近已肥,君归饮啄就渔矶。孤琴不住响红叶,双屐有时登翠微。鹅鸭几曾喧雪夜,犬羊何日息戎机。长安多少高轩客,未许寒山共掩扉。"③此诗作于崇祯九年(1636),亦表明彭天锡籍贯为溧阳。此外,《咏怀堂辛巳诗》卷上有《同吴仪之、丘鲁瞻、方圣羽、倪君符、彭天锡集城西楼》《上巳咸社初集菩提庵,同钟复、钟玉、尔仁、小范、天锡、瑶若、克家、损之、止水、宗白赋》《同彭天锡、损之阻风慈姥矶感赋》等诗提及彭天锡,可以看出他们在崇祯十四年(1641)的交往,尤其是此卷中有《危城中彭天锡世兄见访,共住三月,严解,扁舟同下秣陵感赋》诗二首,这些诗作于崇祯十四年。

　　崇祯年间,阮大铖因被认为勾结阉党而受到复社人士的攻击,几无立足之地,即使忍辱藏身南京裤裆巷,亦被复社士子贴揭驱赶,而彭天锡可谓是其危难之时最贴心的朋友。南明时期,阮大铖咸鱼翻身,通过勾结马士英拥立福王而当上兵部尚书,"大铖一旦权在手,便为非作歹,倒行逆施,因屡受挫于东林,此时乃立意报复,欲尽诛东林及素所不合者。又卖官鬻爵,贪赃枉法,党同伐异,

---

① (明)阮大铖撰,胡金望、汪长林校点《咏怀堂诗集》,黄山书社2006年版,第76页。
② (明)阮大铖撰,胡金望、汪长林校点《咏怀堂诗集》,黄山书社2006年版,第266页。
③ (明)阮大铖撰,胡金望、汪长林校点《咏怀堂诗集》,黄山书社2006年版,第342页。

玩弄权术"①。此时彭天锡应是阮大铖的座上客,阮大铖派他去拉拢名士,以培植自己的势力。薛寀在陈贞慧《防乱公揭本末》后有一段跋语,就记载了这样的事情:

> 阮司马大铖之先世督部公讳鹗者,予高祖方山公嘉靖甲午同年也,其家故多博雅士,如大铖之叔自华,尤奥异,然予初不识之。崇祯癸酉冬,姚孟长先生赴南掌院任,晤间谈及大铖所填词曲《十错认》《春灯谜》。予因从钱兵部其若索观之,曰:"事有败于激者,若大铖此曲,乃思自湔,非思翻局。万一铤而走险,遏其攀附正人之一线,而明为仇敌,号召羽党,济以谲险,天下事去矣。"其若与张二无诸公,皆以吾言为平。甲戌春,大铖忽持年家弟刺过予,一见倾倒唏嘘,手抱予儿维贞,称六世兄弟。予虽讶之,而心怜其凤游赵忠毅虎下,抑丁艰在魏阉未横行前,或非渠首,何必峻拒,反深其毒。往答拜之,即牵留张筵,出童子演《春灯谜》,酒间娓娓自诉:"吾与孔时仲达厚,他人交构,致罗黑冤,《十错认》所以自雪本情,冀公等照覆盆耳。"予乘醉应曰:"世间错固不止十,但保公自家不错,何患人错?昔人误答一转语,堕野狐身,而后贤解之曰:'辗转不错,复是何物?'愿公从此实之,为国家起见,勿生仇恨也。"自是又十余年,而两都大变,大铖托彭天锡相谢,固相招:"阮胡已蟒玉执权,薛子来,大者侍从,小者编摩,京堂太史,惟所命之,以报人弃我取之德,不亦快乎?"予答天锡:"吾不复以一字复阮胡,但为语胡,前此犹是从井救人,今日乃是李代桃僵。此时何时,而犹以腐鼠相吓哉?"今日见定生所叙述,益服数君先见,而予与维斗终是宽一着。②

薛寀(1598—1663),字谐孟,号岁星,常州武进人,崇祯三年(1630)进士,仕至开封知府,明亡后出家为僧,更号米堆山。在这

---

① 胡金望《人生喜剧与喜剧人生——阮大铖研究》,中国社会科学出版社2004年版,第65-66页。
② (清)陈贞慧《书事七则》,吴江沈氏世楷堂刻本。

段跋语中,薛寀记叙了他与阮大铖的交往,而彭天锡受命招抚薛寀,说明他投靠了阮大铖,已成为阮大铖的心腹之人。在明王朝倾覆之际,阮大铖为一己之私,尽现小人得志之态,彭天锡为其说客,实充当爪牙之用。彭天锡于顺治二年(1645)九月十七日死于杭州,从时间上看,是清兵灭弘光,进而攻占杭州之际,彭天锡或是死于乱兵之中。彭天锡是马世俊的太亲翁,马世俊的那篇祭文对彭天锡之死写得很隐晦,恐怕是不便于直说。而彭天锡投靠阮大铖的行径,很容易让人联想起同时的一个杰出艺人——柳敬亭。弘光王朝危在旦夕的时候,柳敬亭为宁南王左良玉的门客,他利用左良玉对自己的信任,积极出谋划策,赞画军务,为维护明王朝作最后的努力。柳敬亭的艺品与人品受到世人的高度称赞,为他写诗作传的文人士大夫不在少数,其中不乏像吴伟业、黄宗羲这样的大家,而孔尚任也把柳敬亭的事迹写进《桃花扇》,这些都为他留下了不朽的声名。彭天锡与柳敬亭,两人形成鲜明的对比。

俞樾《茶香室三钞》卷二十二在抄录张岱的《彭天锡串戏》后,有一则按语曰:"此则《彭天锡串戏》与《柳敬亭说书》,为同时绝技,而今人知有柳,不知有彭也。"[①]我们通过对彭天锡其人的考察,应该真正了解到"不知有彭"的原因。

(作者为中国人民大学首批杰出人文学者、中国俗文学学会常务理事)

[①] (清)俞樾《茶香室三钞》,清光绪二十五年(1899)刻春在堂全书本。

特约稿件

"乡贤"形象的重构与再塑

——以20世纪90年代以来的文学乡村叙事为例

李 静

摘要：20世纪90年代以来，随着社会主义新农村建设系列政策的颁布与实行，推动、参与乡村建设逐渐成为一种社会思潮。在此背景下，呼唤新乡贤成为一种社会共识。20世纪90年代以来的乡村叙事敏锐地把握了乡村变革中社会结构与思想观念转变的关键，重构了传统乡贤意义，塑造了当代新型乡贤的形象。

关键词：当代文学；乡贤；乡村建设；乡村叙事

中国传统社会长期实行乡村自治政策，皇权不下乡，自治主要靠乡绅。有贤德的乡绅被称为乡贤，"他们是村庄的道德典范，是村庄的精神领袖，并因此而成为村庄秩序的守护者"①。1949年新中国成立之后，乡绅作为一个社会阶层退出了历史舞台②，乡村社会产生了新的政治与文化权威，重建了相对稳定的乡村社会秩序。20世纪80年代起，由于实行家庭联产承包责任制，尤其是90年代初城市化进程的快速推进，乡村社会秩序再次被打破。此后，乡村权威几经更迭，各种力量错综复杂，乡村社会秩序重建一再被延宕。最近几年，面对乡村日益加剧的"空心化"和乡村生态的破

---

① 赵法生《再造乡贤群体 重建乡土文明》，《光明日报》2014年8月11日第002版。
② 王先民指出："抗战胜利后共产党在农村实行的土地革命和'村选政治'，以各级'劳模'和'群英'为主体的乡村新式权威逐渐控制了乡村政治生活，传统权威的政治影响力大幅消退。这从根本上改造了乡村社会结构，并挖掘了绅权赖以存在的社会条件，传统乡绅才最终在乡村社会的权力结构中消失。"（王先民《乡绅权势消退的历史轨迹——20世纪前期的制度变迁、革命话语与乡绅权力》，《南开学报》（哲学社会科学版）2009年第1期）

坏、伦理道德的溃败,人们开始回顾中国乡村自治的历史,研究乡贤对于乡村治理的重要意义①。20世纪90年代以来的乡村叙事敏锐地把握了乡村变革中社会结构与思想观念转变的关键,描写了乡贤形象的变迁过程,塑造了当代新型乡贤的形象。

一、传统乡贤形象的重构

20世纪90年代以来,伴随着城市化进程的高歌猛进,加之城乡文化的二元对立,传统乡村文化不断衰落。这些衰败主要表现在亲情伦理的衰退、婚姻伦理的变异,以及生存伦理的利益化倾向等方面。乡村社会人心松散、道德滑坡、邪教滋生等问题越来越引起人们的关注。在文学领域,当代乡村叙事通过重构传统乡贤形象,反思了乡村文化衰退的历史文化原因,重新诠释了传统乡贤在乡村基层治理和文化建设中的重要作用。

秦晖将古代乡村自治模式总结为"国权不下县,县下惟宗族,宗族皆自治,自治靠伦理,伦理造乡绅"②。陈忠实的《白鹿原》几乎可以看作秦晖这段话的诠释。在小说前半部分,白鹿原完全是一个自治的乡村社会,这里没有官府,宗族是最重要的社会组织,如果有了矛盾纠纷,也基本上在乡村社会内部解决。在白鹿原上,白嘉轩、冷先生、鹿子霖以及朱先生等乡贤,凭借儒家伦理与习俗有效地维持着乡村社会秩序。这些乡贤对乡村社会公共事务乃至道德人心都有着自觉的担当。白嘉轩当上族长之后,修缮祠堂,兴办学校,资助长工鹿三的儿子黑娃上学,请朱先生修订乡规族约;他体恤乡民,关注民生疾苦,勇于为民请命。为了反抗官府的苛捐杂税,他策划参与了鸡毛传帖与交农事件,迫使县长向民众道歉并取消印章税。"他重名节,轻生死,明是非,守节操,靠劳动发家致

---

① 参阅赵法生《再造乡贤群体 重建乡土文明》,《光明日报》2014年8月11日第002版;李建兴《乡村变革与乡贤治理的回归》,《浙江社会科学》2015年第7期;黄海《用新乡贤文化推动乡村治理现代化》,《人民日报》2015年9月30日第007版等论文。
② 秦晖《传统中华帝国的乡村基层控制:汉唐间的乡村组织》,见黄宗智主编《中国乡村研究》(第一辑),商务印书馆2003年版,第3页。

富,用真情善待长工,乡井里主持礼俗,乱世中独善其身。"①在他的带动和影响下,乡民们守乡规、知礼仪,整个白鹿原被称为"仁义白鹿村"。"从小说中可以看出,财富和经济地位并非是这些乡村领导人物权威的主要来源"②,比如朱先生是以其学识与道德赢得了社会声望与地位,冷先生是因其高超的医术与不论贫贱富贵的医德为人们所敬仰,鹿子霖也是因为像白嘉轩一样修缮祠堂、开办学堂,才获得了人们的尊重。美国历史学家杜赞奇深入研究了华北乡村社会之后指出,乡村精英人物"出任乡村领袖的主要动机,乃是出于提高社会地位、威望、荣耀并向大众负责的考虑,而并不是为了追求物质利益"③。

陈忠实写作《白鹿原》之时,打工潮尚未席卷全国,城市文化对乡村影响还不太深入,乡村治理的诸多现代困境尚未充分暴露,因而,他对传统宗族文化之道德境界的感召力以及对乡村自治之和谐的描绘,并非感时而作,而仅仅是出于重写历史的冲动,希望以小说来发掘"民族的秘史"④。几年之后,随着城市化进程的加快,乡村社会衰落、失范已经成为严重的社会问题,《白鹿原》意外地成了重写传统乡贤文化,为现代乡村建设向传统寻求破解困境之路的先驱之作。在其影响下,诸多乡村叙事开始重塑传统乡贤形象,如莫言《生死疲劳》中的西门闹,他"热爱劳动,勤俭持家,修桥补路,乐善好施",高密东北乡的每座庙里都有他捐钱重塑的神像,高密东北乡的每个穷人都吃过他施舍的粮食,他是"一个善良的人,一个正直的人,一个大好人"。⑤再如赵德发的《君子梦》中的许正芝。作为律条村的族长,许正芝在灾荒之年为了不让族人外出讨饭,借出了自家所有钱粮积蓄,不仅如此,他还低价卖了几十亩地,气得忠心耿耿的老管家杨麻子辞职了,他见挽留不住,又不

---

① 林爱民《好一个"大写"的地主——试析〈白鹿原〉中白嘉轩形象的创新意义》,《名作欣赏》2008 年第 2 期。
② 袁红涛《宗族村落与民族国家:重读〈白鹿原〉》,《文学评论》2009 年第 6 期。
③ [美]杜赞奇:《文化、权力与国家》,王福明译,江苏人民出版社 2003 年版,第 128 页。
④ 陈忠实在《白鹿原》卷首题辞:"小说被认为是一个民族的秘史。"
⑤ 莫言《生死疲劳》,作家出版社 2012 年版,第 4 页。

计利息高低借了二百大洋作为杨麻子的工钱,杨麻子深受感动,当场跪倒在地。他的德行也感动了村民,穷汉油饼再次从他家借了活命钱,回到家掏出两块银元给老婆:

  老婆脸上露了露喜色却垂下泪来,说:"族长割自己身上的肉给咱吃,咱真忍心吃呀?"
  这话说得油饼低了头。他眨了一会儿眼抬头说:"就这一回,以后再也不啦。"①

许正芝笃信明代大儒吕坤的学说,认为"修身是自明明德,但这还不够,还要将此推及众人,让大家都止于至善之地而不迁。也就是说不光自己做君子,还要让众人都做君子"②。为此,每有族人犯规,他不去以族长权力惩戒犯规者,而是当众在自己额头上用烧红的烙铁烙下一个烙印,以这个标记让族人不忘犯规的耻辱。他的行为震撼了族人:

  看着族长额头上的烙印,闻着族长皮肉化成的焦糊味儿,除了三位族老,其他人一齐跪倒,许多人哭出声来。
  八十七岁的许瀚珍望着这一幕老泪纵横,他颤巍巍走到家庙门口说道:"小的们,记着吧!好好记着吧!再也甭生歹心做坏事啦!"
  人群里有人叫起来:"谁再那样,不得好死!"许多人立即随声附和:"对,咱再那样不得好死!"③

《君子梦》对传统乡贤道德感召力煽情的描述,并非仅仅是对被宏大历史叙事遮蔽的真相的再发现,小说的后半部分描写了当代乡村管理者——许正芝的孙子治理下的律条村,河水被污染了,人们在村头卖淫嫖娼,"教会到处有,教徒遍地是",甚至连共产党

---

① 赵德发《君子梦》,安徽文艺出版社2014年版,第119页。
② 赵德发《君子梦》,安徽文艺出版社2014年版,第40页。
③ 赵德发《君子梦》,安徽文艺出版社2014年版,第60页。

员刘二妮也成了律条村基督教头头了。在历史与现实的对比叙述框架中,作者的价值取向是很明显的。

当代乡村叙事对传统乡贤保守、愚昧、不合时宜的一面也没有遮掩。在《白鹿原》中,白嘉轩心中只有白鹿村,为了发家,他带头种植罂粟,丝毫没有念及鸦片对整个社会的伤害,其所信奉的儒家道德固然有一定的道德感召力,但也有"吃人"的一面。在《君子梦》中,面对可爱的小女儿被冰雹砸死,信奉天人感应之说的许正芝一度怀疑女儿因行为不端而遭天谴。

总而言之,当代乡村叙事对传统乡贤形象的重构,文学地揭示了历史的丰富性、复杂性,不仅有利于我们全面认识近现代史上的乡贤,而且有利于我们重新认识乡贤在乡村社会中的重要功能。尤其是陈忠实浓墨重彩塑造的白嘉轩、冷先生,赵德发塑造的许正芝等恪守儒家传统的乡贤形象,突出了这些优秀乡贤的言行对村民的示范、教化意义,挖掘了传统乡贤文化对于建构良序的乡村社会的重要价值,这对我们今天开展的社会主义新农村文化建设仍然不失一定的启示价值。

二、新世纪的新乡贤形象

新世纪以来,随着社会主义新农村建设系列政策的颁布与实行,乡村社会发生了一些新的变化,尤其是近几年,推动、参与乡村建设逐渐成为一种社会思潮。在此背景下,呼唤新乡贤成为一种社会共识。尤其在媒体界,《光明日报》《中国社会科学报》《中国文化报》《解放日报》《人民日报》等具有全国影响力的重要报纸都纷纷发文热议乡贤文化。在现实生活中,乡村精英的乡贤意识也正在逐步重建,回乡投资建设家乡的人开始多起来了,愿意回到乡村参与乡村建设的知识分子也在增多,热心乡村公共事务的人也越来越多。面对新世纪乡村社会的新变化,乡村叙事塑造了一系列新乡贤形象。

当代乡村叙事中新乡贤形象较之传统乡贤形象有较大的差别,其主要差别在于:一是新乡贤未必具备传统乡贤较为完备的道德思想观念,但有良知,具备个人道德修养。在价值多元化的现代社会，人们所接受的意识形态、所认同的文化观念千差万别，但是，基于人性与恻隐之心而生的良知，应该是新乡贤的道德根基。王阳明认为，"良知只是个是非之心"①，不能坚守良知，就会丧失最基本的是非之心。二是现代乡贤具有乡土情结。这对传统乡贤似乎不是一个问题，但是，在现代社会，乡村能人大都进城了，甚至一些乡村干部都并不生活在乡村，恋土、还乡，由此成为当代新乡贤书写格外突出的一点。三是新乡贤有见识，有现代思想。现代乡村已经不再是封闭自足的小型社会，仅仅熟知地方性知识已经无法应对乡村社会在现代转型过程中遭遇的各种问题。他们必须具备法律意识、经济意识、民主意识、生态意识等。

　　以此关照当代乡村叙事，新世纪的新乡贤可以归纳为三种主要类型。一是有良知的乡村干部，如和军校的《薛文化当官记》中的薛文化。在小说中，范技术员就认为薛文化是当代的梁生宝。其实不然，薛文化缺少梁生宝献身伟大事业的崇高理想。他只是自小就非常实诚，意外地当选村主任之后，其想法也很朴素——在其位就要把事情做好。薛文化最终以个人品质赢得了人心，当苏副乡长到村里宣布乡政府决定将薛文化停职调查时，他过去的"政敌"刘石匠揪住了苏副乡长的领口，赵木匠揪住了苏副乡长的头发，周秩序拧住了苏副乡长的胳臂……②这些当初的"政敌"全部成了薛文化的忠实拥护者。再如贾平凹的小说《带灯》中的带灯，作为农村基层干部，在一个从书记、镇长、吴副镇长到翟干事、侯干事、吴干事等都一心一意谋私利的环境中，她没有同流合污，而是认真负责地工作，在洪灾、大规模械斗等突发事件中从不退缩、推诿；她有良知，总是尽力帮助身边的农民；她对农民满怀善意，看到农妇被强制结扎都于心不忍。带灯不同于公而忘私的梁生宝，她不是一个理想主义者，只是一个有良知的普通乡村干部，但是，恰恰是她的恻隐之心与"良知"，让我们看到了新乡贤的底色，看到了新乡村建设的希望。带灯的"良知"就像一盏灯，"照亮自己，也

---

　　① （明）王守仁撰、吴光等编校《王阳明全集》（上），上海古籍出版社1992年版，第111页。

　　② 和军校《薛文化当官记》，《中国作家》2008年第18期。

照亮别人,尽管光亮是如此地微弱"①。

二是有思想的乡村知识分子。当代乡村社会仍然有一些知识分子,如乡村教师、乡村医生等,但他们大多数人只管自己的本职工作,并不关心乡村公共事务,还算不上是新乡贤,只有极少数乡村知识分子有独立思考能力,而且有心系乡民的胸怀,如关仁山的长篇小说《日头》中的金沐灶。他上过大学,当过副乡长,办过企业。他不仅处处为村民着想,帮村里招商引资,为村民推销大米,收养孤儿,甚至为重建魁星阁一辈子未结婚。金沐灶不仅有德行,而且有思想。"这个人物超越其他农民形象的最可贵之处在于他是一个有文化深度的'农民',在家庭、社会、时代遇到问题时,他能够不断求根问底去探寻原因。"②在自己的厂矿使村里一片繁荣之时,他居然开始反思发展经济对乡村资源与环境的破坏;面对短视的政绩追求与资本联手对乡村社会生态的严重破坏,他非常深刻地提出了"农民主体观"。在现实社会中,其实并不缺乏金沐灶这样的现代乡贤人选,如乡村教师、医生等,都有可能成为有文化、有思想的现代乡贤,但需要一定的机制让他们能够有机会参与乡村公共事务,践行他们的社会担当意识。再如关仁山的《麦河》中的瞎子"三哥",他虽然没有什么学历,但是戏文听多了,也就成了乡村里难得的明白人。"他是麦河水哺育成长的人群里唯一心无旁骛的土地坚守者。这个坚守者虽然是个盲人,但他心里却是明亮的。"③不管是叱咤风云的农民企业家曹双羊迷失自我时,还是普通村民遇到难解的疙瘩时,他都能智慧地引导,轻易地化解。"三哥"形象具有浓厚的神秘主义色彩,可以说是现代新乡贤的隐喻:"能够和土地保持精神层面联系、敬畏土地的人,则能够洞明人心,洞察世界,并获得战胜一切迷惘的力量。"④

三是回乡居住的退休知识分子。他们有文化,有社会地位,在

---

① 陈诚《论〈带灯〉对乡镇干部形象的整塑与超越》,《小说评论》2013年第4期。
② 景俊美《论关仁山长篇小说〈日头〉》,《小说评论》2015年第4期。
③ 谢有顺、刘秀丽《土地对人心的养育——读关仁山的〈麦河〉》,《南方文坛》2011年第4期。
④ 谢有顺、刘秀丽《土地对人心的养育——读关仁山的〈麦河〉》,《南方文坛》2011年第4期。

乡村非常受尊重,言行在乡村社会具有一定的模范意义,几近于传统社会中致仕回乡的官员,能在潜移默化中影响乡村社会礼俗。更为重要的是,他们一般都接受过系统的现代教育,有可能在乡村传播现代文明,促进现代乡村文化的健康发展。事实上,这些退休知识分子中有相当一部人是有深厚的乡土情结的。在和军校的《薛文化当官记》中,范技术员决定到北墚村定居,对此,他解释说:"我厌倦了城里的喧嚣污浊,我想到乡下盖几间房子,找个老伴儿,养一群鸡,养一群鸽子,栽几棵果树,种几行绿菜,日出而作,日落而息,清清淡淡,宁宁静静,无忧无虑。"①面对当代乡村社会的艰难处境,一些退休知识分子甚至抱着高昂的乡村建设热情回乡定居。如贺享雍的《人心不古(乡村志)》②中,县中退休校长贺世普出任何家湾村"退休返乡老年协会"会长,利用自己的声望,开展村民事务调解,宣传普及法律知识,推行文明生活方式等工作。众所周知,在当代乡村建设中,农村现代知识阶层断层问题极其严重,出自乡村的知识精英退休后返乡也许是解决这个问题的一个有效方法。在小说中,由于贺世普的现代理念与乡村习俗道德之间存在尖锐对立,他最终无奈地再次离开了乡村,这说明久离乡土的知识分子返乡之后还可能遭遇"不接地气"问题。但这是一个因人而异、可以克服的问题,并不足以否定知识分子返乡成为新乡贤参与乡村建设的可行性。事实上,现实生活中确实有一些在外地工作的知识分子主动回乡直接参加乡村建设的,如原浙江省绍兴市柯桥区人大常委会副主任余茂法,他为了保护古村落,主动要求从县官降为村官,成为该县稽东镇冢斜村党支部书记。③

三、结语

乡贤文化是中华优秀文化传统的重要组成部分,是值得珍视的宝贵的文化遗产。在现代社会,虽然社会与文化变迁极其剧烈,但是,"乡绅精神和乡绅文化的传承者大有人在",在广大农村还

---

① 和军校《薛文化当官记》,《中国作家》2008年第18期。
② 贺享雍《人心不古(乡村志)》,四川文艺出版社2014年版。
③ 刘伟等《从县官到村官到乡贤》,《光明日报》2014年7月13日第004版。

蕴藏着乡贤文化的种子和气息①,这在建设新农村文化过程中是应该用心发掘、传承的。当然,当代乡村叙事中新乡贤形象与传统乡贤相比,有一个非常重要的问题还有待深入思考。传统乡贤有两大社会功能,一是维持乡村自治,二是通过制定、执行乡规民约,淳化、维系乡村礼俗。这是有着密切内在关联的两个方面。相比较而言,当代新乡贤却将这两个方面割裂了,他们受到学识与思想所限,大多没有形成系统的伦理道德与政治观念,这就导致他们自身虽然具备诸多优良品质,却无力推己及人,移风易俗。同时,他们中的一些人并未参与乡村自治,主要是参政议政的路径不够畅通。总而言之,当代新乡贤并未真正肩负起传统乡贤的社会功能,这个群体尚处于培育阶段。因此,这个时代究竟该用怎样的一种文化观念来再造新乡贤,仍然是一个值得进一步深思、探究的问题。

(作者为江苏省社科联研究员)

---

① 解晓燕、冯广华《乡绅文化与新农村建设新探》,《山西农业大学学报》(社会科学版)2010年第4期。

乡贤文化的当代价值与践行

季中扬

摘要：近十来年，乡村社会的治理与建设过程中面临的诸多困境，促使有识之士开始回顾乡村治理的历史经验，重新发现乡贤文化传统。乡贤文化是优秀传统文化的重要组成部分，传承、践行乡贤文化具有多方面的现实意义，如：有效解决当代乡村建设中的文化危机问题；乡村内部精英对乡村建设的主动担当；现代乡贤积极参与当代乡村建设；等等。

关键词：乡贤；传统文化；乡村社会；新农村建设

乡贤文化是传统优秀文化的重要组成部分。在传统社会中，乡贤文化集中体现了乡村的人文精神，在宗族自治、民风淳化、伦理维系及激发乡土情感、维系集体认同感等方面起着无可替代的作用。20世纪90年代以来，伴随着城市化进程的高歌猛进，加之城乡文化的二元对立，传统乡村文化不断衰落。面对乡村社会人心松散、道德滑坡、邪教滋生等问题，人们开始回顾中国乡村自治的历史，研究乡贤对于乡村治理的重要意义，重新诠释乡贤在乡村基层治理和文化建设中的重要作用。本文将回顾乡贤文化传统，讨论乡贤文化的当代价值，着重探讨重构乡贤文化传统的方法和路径。

一、乡贤文化的再发现

所谓乡贤，主要指传统乡绅阶层中有贤德、在乡村公共事务中有所担当的人，也常常被用来指称现当代乡村社会中的贤达人士。所谓乡贤文化，既包括古代乡贤留下的文物、文献、传说以及热爱乡土、关心乡村世道人心以及维护乡村社会秩序、以德服人的优良传统,又包含现代乡村精英对传统乡贤精神的继承、践行与创新。

中国历史上对乡贤与乡贤文化的重视由来已久。早在唐代天宝十三载(754),朝廷就下诏令各地建先贤祠①,以官方祭祀的方式来表彰先贤,激励、劝勉后人,此后,设立先贤祠、乡贤祠的传统一直延续千馀年。尤其到了明朝,经过洪武到弘治时期的长时间推广,设立乡贤祠逐渐普遍化。《(嘉靖)威县志》卷五《文事志》载,弘治中,"令郡县各建乡贤祠,以祀邑之先贤有行义者"。时人蒋冕在《全州名宦乡贤祠碑》中称:"弘治中有旨,令天下郡邑各建名宦乡贤祠以为世劝。"②明代以后,不仅为乡贤建祠,还专门书写乡贤名录,如嘉靖年间的《崇祀乡贤录》、咸丰年间的《三世乡贤录》、光绪年间的《名宦乡贤录》等,并在地方志中为乡贤立传,如《(万历)福安县志》《(康熙)澄迈县志》《(乾隆)琼山县志》等地方志中都有乡贤传记。民国时期,一方面延续了明清以来书写乡贤名录、传记的传统,如现在可见的《江苏乡贤传略初稿》《山西省乡贤传》《陕西乡贤事略》等,另一方面还开始收集、整理乡贤的各种文物和文献资料,如《上海乡贤文物过眼录目录》《广西乡贤文选》等。20世纪50年代至70年代,由于政治原因,表彰乡贤的传统中断了,80年代之后,由于表彰乡贤传统中断已久,在社会生活中,"乡贤"一词甚至从日常话语中完全消失了。

近十来年,乡村社会的"沦陷"以及治理与建设过程中面临的诸多困境,促使有识之士开始回顾乡村治理的历史经验,重新发现乡贤文化传统。首先,乡贤文化开始成为学术研究的热点问题。重新认识传统乡贤文化起初出现在史学界。世纪之交,一些研究近现代史的学者开始重新评价晚清、民国时期乡绅的社会作用,打破了政治话语中土豪劣绅的单面形象。③ 近几年,乡贤文化逐渐成为政治学、社会学等领域关注"三农问题"学者的共同话题。有学

---

① (宋)王钦若《册府元龟》卷八十六《赦宥》五,中华书局2003年版。
② (明)蒋冕《湘皋集》卷二十一《全州名宦乡贤祠碑》,《四库存目丛书别集》第44册。
③ 参阅余新忠《清中后期乡绅的社会救济——苏州丰豫义庄研究》,《南开学报》(哲学社会科学版)1997年第3期;李巨澜《试论民国时期新乡绅阶层的形成及其影响》,《华东师范大学学报》(哲学社会科学版)2003年第4期;王先明《变动时代的乡绅——乡绅与乡村社会结构变迁(1901—1945)》,人民出版社2009年版。

者看到了那些经济实力雄厚的乡村企业主事实上已经成为"新乡绅",且开始对乡村政治权力有所要求,由此提出地方政府应该满足其合理的政治要求,发挥其在乡村治理中积极的影响力①;有学者认为,乡贤治理回归契合当前乡村乡土性特质②;又有学者提出,传承和弘扬乡贤文化,发挥乡贤作用,对于构建乡村治理理念和和谐社会建设具有重要的现实意义③;还有学者认为,乡贤文化在农村社会主义核心价值观践行及培育过程中,能发挥重大促进作用,是践行与培育社会主义核心价值观的重要载体④;等等。其次,乡贤文化已经成为媒体讨论的公众话题。大致从 2005 年开始,东南沿海地区的一些地方报纸,如《南通日报》《潮州日报》《福建日报》《温州日报》《闽东日报》等,开始使用乡贤概念来称呼返乡创业与捐资建设家乡的那些心系乡梓的人,乡贤这个古老词汇再度进入了当代日常用语之中。2014 年,《光明日报》发表一系列文章,如《乡贤回乡,重构传统乡村文化》(7 月 2 日第 001 版)、《再造乡贤群体 重建乡土文明》(8 月 11 日第 002 版)、《既要传扬"古贤",更要重视"今贤"》(8 月 12 日第 002 版)等,随后,《中国社会科学报》《中国文化报》《解放日报》《农民日报》《人民政协报》《人民日报》等具有全国影响力的重要报纸也都纷纷发文热议乡贤文化,《解放日报》还把第 69 届文化讲坛的主题定为"乡贤文化的当代价值",乡贤文化的当代价值以及如何传承等问题逐渐成为公众话题。再次,传承、发扬乡贤文化成为政府理念。在 2014 年全国政协会议上,全国政协委员、香港利万集团董事长兼总裁王志良提交了一份《关于在全国推广乡贤文化研究的建议》的提案。2015 年,"创新乡贤文化"被写入了中央一号文件。由于乡贤文化传统得到了"顶层设计"方面的高度重视,最近两年,"乡贤""乡贤文化"甚

---

① 杨国勇、朱海伦《"新乡绅"主政与农村民主政治建设》,《社会科学战线》2006 年第 6 期。
② 李建兴《乡村变革与乡贤治理的回归》,《浙江社会科学》2015 年第 7 期。
③ 郭勤华《乡贤文化与和谐社会——基于宁夏方志资料研究》,《宁夏社会科学》2016 年第 3 期。
④ 杨军《"乡贤文化"在推进践行社会主义核心价值观中的作用探究》,《西安文理学院学报》(社会科学版)2015 年第 2 期。

至成为社会热门词汇。

二、乡贤文化的当代价值

乡贤文化是优秀传统文化的重要组成部分,传承、践行乡贤文化的当代意义是多方面的,但是,最突出的现实意义是可以有效解决当代乡村建设中的文化危机问题。

梁漱溟认为,"中国问题并不是什么旁的问题,就是文化失调"①,只有通过复兴中国传统文化和创造新文化、新礼俗才能救济中国乡村。几十年后的今天,贺雪峰等"三农问题"专家仍然非常赞同梁漱溟这个观念。贺雪峰在调研中发现,中国事实上已经形成了全国性的劳动力市场,农民的生活状况为何还有明显的地域差别呢?他认为关键就是观念与文化不同——落后的文化观念造成了区域性贫困,因而,乡村建设的重点并非经济问题,"增收致富是农民自己的事"②。笔者认为,当代乡村建设的根本问题是乡村文化建设③,只有做好文化建设工作,才能解决人们的观念问题。不管是梁漱溟、晏阳初,还是20世纪40年代的延安乡村建设,都特别重视乡村文化建设,因为没有文化建设,就不可能培育出"新民",乡村社会没有"新民",就不可能有乡村建设的内生力量。笔者还认为,乡村文化建设并非是送文化下乡,而是要将传统优秀文化和现代理念相结合,构建社会主义的新乡村文化,而这离不开培育新乡贤,以此来恢复乡村文化的自我修复与发展能力。

首先,乡贤文化自觉意味着对本土的乡村人文精神的高度肯定,有利于激发乡土情感,维系集体认同感。在传统社会中,一个乡村就是一个小型社会,有其区域性的文化生态系统。当地乡贤

---

① 梁漱溟《乡村建设理论》,上海人民出版社2011年版,第23页。
② 贺雪峰《增收致富是农民自己的事》,《决策》2015年第11期。
③ 贺雪峰提出,"乡村优秀传统文化的失落、孝道不彰、人情竞争失控等问题的发生,固然有城镇化、市场化大潮影响的背景,但缺乏组织的原子化的乡村对这些冲击缺乏抵抗力,也是一个重要原因",因而,"乡村建设最根本的当是基层组织建设"。(贺雪峰《乡村建设最根本的当是基层组织建设》,《农村工作通讯》2015年第8期)我们认为,不解决文化问题,就不可能落实基层组织建设所需要的人才资源问题,因此,文化建设才是乡村建设的根本问题。事实上,贺雪峰也曾说过"文化建设是当前新农村建设中的战略任务"(贺雪峰《为什么要强调新农村文化建设》,《解放日报》2007年11月22日第007版)。

留下的相关文物、文献、传说建构了小型社会的历史记忆,在宗族关系解体的现代社会,地域性的历史记忆是维系集体认同感的关键。如果说乡村社会还有什么力量可以对抗汹涌而至的城市化大潮,也许就是对故土的留恋以及基于历史记忆而生发的集体认同感。只有充分激发、不断维系这些情感,那些走出乡村的贤达人士才会心系乡梓,反哺家乡,甚至可能选择回归乡土,成为真正的现代乡贤。事实上,这样的现代乡贤大有人在。如原全国政协副主席毛致用退休返回老家湖南岳阳筻口镇西冲村,三年就将一个落后村转变成"岳阳第一村";原海南省副省长陈厚苏退休返回临高县南宝镇松梅村,很快改变家乡贫困面貌;原云南省保山地委书记杨善洲退休放弃进省城的机会,返回故乡施甸县大亮山义务植树造林成为全国道德模范……他们都堪称告老还乡"新乡贤"的典范,"他们落叶归根,化泥护花,泽披桑梓,造福一方的善举,谱写了当代乡贤文化的崭新篇章"①。

其次,乡贤文化自觉有助于塑造当代乡村文化建设主体,从根本上解决乡村文化建设的内生力量问题。在传统社会中,乡贤的社会功能是多方面的,既是乡村社会的管理者,又是乡村礼俗的实践者,还是乡土知识体系的保存、传播者,他们只能是土生土长,非常熟悉本土生活的,而不能是外来的"启蒙者""布道者"。在当代社会,乡村精英人才或通过上学、参军,或通过一技之长,持续单向流向城市,没有乡贤文化自觉,他们就不可能再回流乡村;仍然生活在乡村的能人也不会安心于乡土,他们往往倾其所有在城里买房,身不离土心已离乡,没有乡贤文化自觉,他们就不可能关心乡村公共事务。正如上文所言,没有本土人才热心于乡村建设,一切外来的援助都无法解决贺雪峰所言的乡村建设中的"最后一公里"②问题。

此外,乡贤文化自觉还是乡村自治的基础。刘淑兰认为,乡贤文化在当代乡村治理中具有独特的人文道德价值与经济效益,可

---

① 钱念孙《乡贤文化为什么与我们渐行渐远》,《学术界》2016年第3期。
② "最后一公里"问题是指需要乡村社会内部组织协调解决的问题,如公共水利问题、环境保护问题、人际关系问题等。

以重塑人本亲善的乡村治理灵魂,构建多元协同的乡村治理主体,丰富礼法结合的乡村治理方式,完善服务导向的乡村治理保障。①张露露与任中平也认为,现代乡贤参与乡村治理,充分发挥其在乡村治理中的参与者和协调者等角色,能够降低乡村社会的治理成本,及时调解乡村矛盾和冲突,进而提高乡村治理绩效,化解乡村治理危机。②早在1987年,全国人大就通过并颁布了《中华人民共和国村民委员会组织法(试行)》,在法律层面规定了乡村自治,但就实际情况来看,大多数地区的村民委员会并未有效肩负起乡村自治的重任,其关键原因就在于法律虽然可以保障程序民主,但如果缺乏足够的乡村精英,就很难保障实质上的民主与自治。秦晖将古代乡村自治模式总结为"国权不下县,县下惟宗族,宗族皆自治,自治靠伦理,伦理造乡绅"③,其"自治靠伦理,伦理造乡绅"两句对当代乡村自治仍然有效,即当代乡村自治需要乡贤文化自觉,有了自觉的乡贤文化才能造就现代乡贤,有了现代乡贤才能保障现代乡村自治。正如裴斌所言,"乡贤治村"将使村民自治呈现出法治与德治相结合,精英主导和大众参与有机统一,经济发展和道德文化建设齐头并进的新乡村发展走向。④

总而言之,"有乡贤的乡村才是和美的,有乡贤的乡村才是宜居的,有乡贤的乡村才有明天"⑤。乡贤文化自觉是乡村内部精英对乡村建设的自觉担当,是乡村文化建设中固本培元的根本之计。

三、乡贤文化的践行路径及问题

对于传承、发扬乡贤文化的重要性,乡村精英、政府、学界目前已经达成了一定程度的共识,在个别地区甚至已经形成了三方联

---

① 刘淑兰《乡村治理中乡贤文化的时代价值及其实现路径》,《理论月刊》2016年第2期。
② 张露露、任中平《乡村治理视阈下现代乡贤培育和发展探讨》,《广州大学学报》(社会科学版)2016年第8期。
③ 秦晖《传统中华帝国的乡村基层控制:汉唐间的乡村组织》,见黄宗智主编《中国乡村研究(第一辑)》,商务印书馆2003年版,第3页。
④ 裴斌《"乡贤治村"与村民自治的发展走向》,《甘肃社会科学》2016年第2期。
⑤ 赵法生《再造乡贤群体 重建乡土文明》,《光明日报》2014年8月11日第002版。

动、合力推进的良好局面。就具体践行路径而言,如下几个方面得到了高度重视。

一是对古代乡贤文化的保护与传承。这在苏南、浙东、闽南等古代乡贤文化资源较为丰富的地方做得比较好。如浙江省诸暨市店口镇不仅成立了"乡贤宣讲团",还创办讲述乡贤故事的杂志《城·店口》等。① 乡贤文化是优秀传统文化的重要组成部分,既有看得见的文献与文物,又有地方流传的非物质形态的各种乡贤故事、传说。只有让民众能在日常生活中"耳濡目染"乡贤的道德精神,让人们在习得中形成精神熏陶,才能充分发挥乡贤文化的化育作用。② 当人们充分了解既往乡贤的理想与作为,开始崇敬、向往这些乡贤时,就会更加热爱家乡,就会认同叶落归根等传统村落文化,就会油然而生造福乡梓的心愿。当然,古代乡贤文化之中也有一些不合时代要求的思想观念,对此,学者们应该深入研究,深入发掘古代乡贤文化之中具有现代价值的核心精神。

二是鼓励、表彰现代乡贤积极参与当代乡村建设。随着社会的转型,乡贤主体已经发生显著变化,传统乡绅阶层退出了历史舞台,企业家、学者、地方文教工作者、退休官员形成了现代乡贤群体。现代乡贤与古代乡贤相比,其最为显著的不同之处是,他们大都并不生活在乡村,甚至退休之后也很少回乡居住。对此,地方政府往往大力鼓励、表彰他们以不同方式参加家乡建设,如鼓励他们回乡投资③,表彰他们捐赠等善举,尤其是对直接回乡参加乡村建设的,更是不遗余力地加以宣扬。如原浙江省绍兴市柯桥区人大常委会副主任余茂法为了保护古村落,主动要求从县级干部降为村干部,成为该县稽东镇冢斜村党支部书记,对此,《光明日报》等

---

① 严蓓蓓、严红枫《浙江诸暨:乡贤文化涵养农村精神文明》,《光明日报》2014年10月14日第004版。
② 苏雁、孙宁华《乡贤的道德精神是可以"看见"的——苏州大学教授罗时进谈乡贤文化》,《光明日报》2014年8月13日第002版。
③ 有些地方政府甚至专门成立"回归工程"领导小组,为企业家回乡投资提供服务。(陈作成等《揭阳启动乡贤"回归工程"》,《南方日报》2007年4月2日A06版;邱丹燕《力促乡贤回归 共建富美漳州》,《闽南日报》2013年12月30日第001版)

媒体进行了专门报导。① 对于仍然生活在乡村的现代乡贤,要正确对待其合理政治要求,保护其参与农村民主政治建设的积极性。②

三是成立各种乡贤组织,凝聚群体的力量。2015年中央一号文件提出:"创新乡贤文化,弘扬善行义举,以乡情乡愁为纽带吸引和凝聚各方人士支持家乡建设,传承乡村文明。"尤其是2015年9月30日,《人民日报》刊登了《重视现代乡贤》《用新乡贤文化推动乡村治理现代化》两篇文章之后,地方政府开始高度重视"乡贤治理"问题,纷纷成立了"乡贤理事会"等社会组织,如浙江绍兴上虞区道墟镇称海村、福建松溪县茶平乡黄屯村不仅成立了乡贤理事会,为了保障乡贤理事会正常运行,还建立了乡贤公益基金。乡贤理事会是村民委员会的补充,"是以参与农村公共服务,开展互帮互助服务为宗旨的公益性、服务性、互助性的农村基层社会组织",其主要职责是"协助调解邻里纠纷,协助兴办公益事业,协助村民自治"。蔡禾等人调研发现,"乡贤理事会在动员村民参与、提供村庄公共产品、推进新农村建设上取得的成效是显著的,也由此赢得了村民的信任,成为村庄社会治理中有威望的治理主体"。③

综上所述,传承、发扬乡贤文化不仅在观念上已经达成一定程度的共识,而且在实践层面也大有星火燎原之势。然而,细究之下还会发现一些应该引起重视的问题。一是地方政府往往较为重视"官乡贤""富乡贤",忽视了"文乡贤""德乡贤"。诚然,古代乡贤中有许多退休官员,他们回乡之后有着较大的社会影响力,而在当代社会,这些退休官员很少回乡居住,对乡村建设的直接影响非常有限,重视"官乡贤"往往沦为地方官员谋取人脉资源的借口。重视"富乡贤"虽然有直接的经济效益,然而,这实在有违乡贤文化之本义。不管是古代乡贤还是现代乡贤,都应该是本土的、有名望的、有德行的,而不应该仅仅是有钱的。从乡村建设角度而言,一

---

① 刘伟等《从县官到村官到乡贤》,《光明日报》2014年7月13日第004版。
② 杨国勇、朱海伦《"新乡绅"主政与农村民主政治建设》,《社会科学战线》2006年第6期。
③ 蔡禾、胡慧、周兆安《乡贤理事会:村庄社会治理的新探索——来自粤西Y市D村的地方经验》,《学海》2016年第3期。

方面应该重视"富乡贤"合理的政治诉求,充分发挥其在乡村建设中的积极作用,另一方面更应该重视地方德高望重的文教卫工作者,充分调动他们的积极性,这样他们才有可能以其文化与德行成为真正的现代乡贤。其次,"在场的"乡贤少,"不在场的"乡贤多。在城市化背景下,现代乡贤往往都并不生活在乡村中,虽然在乡贤文化感召下积极参与家乡建设,但是,古代乡贤管理乡村、教化乡民、作为上情下达的中介等功能,"不在场的"乡贤往往只好付诸阙如。然而,当代乡村建设极其需要地方精英直接参与,"不在场的"乡贤并不能真正肩负起乡贤的职能。对此,我们认为,以"不在场的"乡贤为主成立乡贤理事会固然非常有意义,但是,还应该成立以"在场的"乡贤为主的一些社会组织,让那些经济实力、社会影响力虽然低一些,但比较有德行,能够服众的人直接参加到乡村建设中来。如江苏丰县的"乡贤工作室"①,3000 多名"乡贤"全都是退休老干部、老党员等在当地有一定号召力和影响力的人。再如贵州印江自治县把热心"三农"工作的党外知名人士、退休老干部、老村干部、乡老等群众尊敬信任、德高望重的乡贤组织起来,参与村级事务管理和监督。② 这些"在场的"乡贤不仅能有效地调解邻里纠纷,敦化乡风民俗,还能及时听取群众意见、建议,积极向上反映,促进问题尽快解决,一如古代乡贤一样在乡村社会起着下情上达的中介作用。总而言之,如果说当代乡村建设的重心并非是经济建设,而是文化建设与伦理道德建设,那么,着力发掘、组织、培育"在场的"乡贤也许是践行乡贤文化中最重要的工作。

(作者为南京农业大学人文学院教授;本文为国家社科基金重大招标项目"中国现代文学中的乡贤文化研究"(16ZDA192)中期成果)

---

① 石培明、张道平《三千名乡贤解民忧——江苏丰县"乡贤工作室"开创乡村治理新模式》,《中国县域经济报》2015 年 7 月 30 日第 007 版。
② 何雨婷、邹林《印江自治县试点"村两委 + 乡贤治理乡村"》,《贵州日报》2015 年 10 月 29 日第 002 版。

传承创新

以古鉴今的循吏精神

曹后灵

摘要：冯梦龙在福建寿宁为官四年，造福一方，其施政之道受到后人高度评价，留下了口碑。从冯梦龙身上，既可以看到古代循吏精神的古风清韵，也能得到关于当今廉政文化建设的许多启示。

关键词：冯梦龙；循吏；启示

据《福宁府志》记载，冯梦龙在寿宁为官时"政简刑清，首尚文学，遇民以恩，待士有礼"。习近平总书记在兰考讲话时，也特别强调了冯梦龙"减轻徭役、改革吏治、明断讼案、革除弊习、整顿学风、兴利除害"的施政之道。冯梦龙任知县短短四年，因为政清廉，博得了"循吏"的美名，值得今天的党员干部学习。

一、循吏精神：古韵清风远名扬

"循吏"，出自《史记·循吏列传》，指奉公尽职按原则行事的官员。这些人大多有很大的抱负和出众的才能，恪尽职守，受到民众爱戴。冯梦龙之所以被清朝《福宁府志》《寿宁县志》列为"循吏"，和他的政治抱负有很大关系。在当时的社会条件下，冯梦龙60岁还千里迢迢翻越崇山峻岭，来到最贫穷最偏僻的寿宁当知县，当然不是为了钱，而是想做事；既然"为官一任"，就要"造福一方"。他注重"政是以和"，在其自己编纂的《寿宁待志·官司》中认为"做一分亦是一分功业，宽一分亦是一分恩惠"，把营造政通人和的社会政治环境看作是自己的施政理想；又认为"险其走集，可使无寇；宽其赋役，可使无饥；省其谳牍，可使无讼"。这是冯梦龙的施政纲领，用现在的话来说，就是要：巩固重点部位，建设平安社会;减轻人民负担,建设小康社会;化解人们矛盾,构建和谐社会。在这位封建官吏的身上,充分可见他有清晰明朗的施政理想、纲领、方法和手段,中国古代知识分子"以天下为己任""达则兼济天下"的政治抱负表露无遗。

  冯梦龙曾说:"真心为民,实政及民。""为民"是思想出发点,"及民"是行为落脚点。他善政及民,处处可见。当看到城墙崩塌,四面城门洞开时,他马上加以修整;当看到地贫田少,稻米外流时,他马上储粮谷;当修复县城粮仓,积极储粮时,又想到山路崎岖,百姓挑担十分艰苦,于是续修乡下四个粮仓;当看到原先编制的黄册毛病很多,造成弱势群体吃亏、强势人家得益时,他感叹这是最不公平之事,着手再造细户花册。冯梦龙最得民心的是力除"重男轻妇"、生女则溺之的陋俗,发布《禁溺女告示》,对生女不肯留养者罚,对抱养者赏。他还力除信巫不信医的陋俗,"捐俸施药",使人稍知就医。他还从加强武备入手,重立谯楼、修城墙、筑关隘、整犴狴,既维持社会安定,又注重境内政权硬件设施的完善与建设,实施保境安民的施政目标。他的为民爱民思想在他的诗歌里亦到处可见。如《瑞禾》中写道:"预拟公储满,聊宽瘠土忧。须知天幸偶,莫侈积如丘。"《竹米》两首中写道:"荒山无赋税,多产亦何妨。""此君生意在,暂槁亦何妨。"这些诗句,都是对稻谷丰收、上苍厚待百姓的欢欣吟诵。

  来寿宁之前,冯梦龙在作品中就描写了很多清官廉吏的形象。如沈炼,做了三年知县,"官清不爱钱,百姓尽安眠"。冯梦龙为官期间,对官府的赋税恩典、银两往来、操办收支和谷物存储运输、民兵粮饷增减、工程建设开支等情况都记载得清清楚楚,一厘一毫一丝,历历在册。他不管大事小事都秉公办事,严于律己,"卑职人微言轻,但能自律"。他不仅当官没有发财,相反,还把自己的薪俸捐出,为民做好事。按照明代的律令,正七品官员年俸90石米或45两银,相当于现在副科级以上年薪。他经常把这些薪水捐献出来,重修学宫缺少大木,他得知有人出售,"乃捐俸代输,伐其木";百姓无钱买药,他"捐俸施药";为了让民众有"事神"的场所,他"少佐俸资",帮助民众修关圣庙。正如冯梦龙在其《戴清亭》诗里所说:"县在翠微处,浮家似锦棚。三峰南入幕,万树北遮城。地僻人难到,山多云易生。老梅标冷趣,我与尔同清!"他两袖清风,如一枝凌寒独自开,清香越时空的老梅。

寿宁地僻民贫,和家乡苏州的山温水软有很大差距。但冯梦龙不顾年事已高,主张"下车即稔瘠土"。官吏为求升官虚报本县增加耕地,冯梦龙调查发现,寿宁嶔岩逼窄之区,沙浮土浅,梯石而耕,连雨则漂,连晴则涸,但有抛荒,宁留余地?他不肯虚报。他还对弊政弊端提出许多改革措施。"兵壮素不娴武",他亲自抓军事训练,"月必亲试,严其赏罚,人知自奋"。他走遍全县二十二图,调查了全县的政治、经济、文化、教育、风俗、民情、地理、历史等状况,细致观察了各地的田地、物产的特点和民间耕作、养猪、种菜、捕鱼、建屋乃至葬墓的情况,全方位接触寿宁山区人民生活,虚心向百姓请教。他亲自修纂了《寿宁待志》,记载了寿宁人文地理各方面的情况,为后人了解明末寿宁社会提供了第一手资料。冯梦龙在寿宁三年零五个月的时间中,在整修县城、保境安民、矫治民风、上书除弊等四大方面做了近百件大事、好事。冯梦龙在福建的朋友徐惟起说他"卧治",即躺着就把县城治理好了,这当然是句玩笑话,但也正说明冯梦龙是当地最有才、最有心、最高效的官员。

二、现代启示:以古鉴今有担当

冯梦龙的时代虽然已经过去很长时间了,但是"循吏"冯梦龙"以勤补缺,以慈辅严,以廉代匮"的为官文化,以及我国历史上的优秀廉政文化,都给予我们很多启示。

1. 做信念坚定的干部

冯梦龙所处晚明动荡时期,在社会大气候不佳的环境下,他为官为文都坚持"为天地立心,为生民立命,为往事开太平"的信念,做出了一番事业。封建官吏尚能如此,党员干部在当今社会意识形态多元多样的环境下,更应该深入学习党史、国史,在理论与实践、历史与现实统一的基础上理解党和人民共同奋斗的光辉历程,看到当今中国走上世界舞台的大势,看到逐步实现中华民族伟大复兴中国梦的大局,树立中国特色社会主义的道路自信、制度自信、理论自信,补足精神上的"钙"。

2. 做深入群众的干部

"水能载舟,亦能覆舟。"群众是历史的创造者、推动者。冯梦龙始终站在"小民"的立场上,为民争利,得到了比"金杯银杯"更珍贵的"群众口碑"。党员干部要树立正确的政绩观、发展观、群众观,树立发展为了群众,坚持群众观念、公仆意识,走群众路线,把群众的需求和满意作为工作的第一目标,做到全心全意为人民服务,创造出经得起实践、群众、历史检验的实绩。

3. 做实干担当的干部

冯梦龙在寿宁主政期间,可以说走遍千山万水、历经千难万苦、说尽千言万语、写下千行万字,其深入基层和实际的作风留下了很多美谈。当前,我国正处于深化改革的攻坚期、转型升级的关键期、后发崛起的突破期,党员干部要以问题为导向,深入基层,把调查研究作为工作的重要参考,实字当头,理论联系实际,做务实的好干部。

4. 做廉洁奉公的干部

冯梦龙以清官自诩,以清官律己,并且做到了知行合一,是现今党员干部的学习楷模。清廉可谓是党员干部一抹厚重的政治底色。因此,党员干部要自觉执行全面从严治党的各项要求,躬行自明、身体力行,慎独、慎微、慎权,自警、自省、自重、自律,不触碰党纪国法底线,培养高尚的道德情操,率先垂范、以身作则,永葆共产党员的先进性和纯洁性。

(作者为苏州市副市长、相城区委书记)

城市化进程中吴歌的生存环境与传承保护

李雪龙

摘要：吴歌,是以苏州为中心的江南水乡吴地民歌民谣的总称。吴歌蕴含了大量的吴地民间民俗传统文化。如何切实有效保护好吴歌的自然生存环境?怎样在新的镇村体系和城乡空间布局中给吴歌提供一个新的生存发展空间?这些都是吴歌原生态保护的重要议题。本文以"阳澄湖渔歌"的传承保护为例,探讨吴歌活态传承保护的可能性。

关键词：吴歌;阳澄湖渔歌;生存环境;传承保护

苏州地区是吴歌产生、发展的中心。吴歌在此口口相传,代代相袭,具有浓厚的地方色彩。吴歌主要有吴江芦墟山歌、常熟白茆山歌、张家港河阳山歌、相城区阳澄渔歌四大嫡系以及白洋湾山歌、胜浦山歌等重要分支。

山歌流传甚广,但并非专属某一地区,正如民间文艺家姜彬所说:吴语地区的山歌和本地的生产条件密切地结合着,地形和生态环境的区别形成了各地不同的山歌区,每个歌区形成了自成特色的歌唱形式和风格,但从整体上来说,吴语地区的地理结构、生产条件、语言基本上是相同的,所不同的只是歌调和语言风格的地方特点。因此,各区域的山歌就是一根藤上的瓜,像在一个大家庭里的兄弟姐妹一样,同呼吸,共命运,息息相关。

一、自然生态环境是吴歌赖以生存的前提

吴歌,作为江南水乡民间艺术瑰宝、国家级非物质文化遗产,长期以来得到了全社会的高度重视,特别是吴歌工作者的不懈努力,使得吴歌的保护传承工作取得了显著成效。

随着城市化进程的快速推进,苏州已成为城乡一体化改革的国家级试点单位。根据国家发改委批复的《江苏省苏州市城乡发展一体化综合改革试点总体方案》的近期目标,苏州正按照1个中心城市、4个副中心城市、50个镇,以及1500个左右规划保留村庄的要求,形成新的镇村体系和城乡空间布局。

　　以吴歌为代表的非物质文化遗产产生于农耕时代。客观地看,它与现代城市工业化文明的冲突与矛盾普遍存在于吴歌的每一个歌区,"土壤"逐渐消失,保护传承遇到前所未有的困难。如何进一步切实有效保护好吴歌的自然生存环境,怎样在新的镇村体系和城乡空间布局中给吴歌提供一个新的生存发展空间,让吴歌在各歌区焕发出新的生机、充满新的活力,是值得大家共同深思、探讨并施之有效措施的重要议题。

　　习近平总书记在2014年10月15日文艺座谈会上指出:中华优秀传统文化是中华民族的精神命脉,是涵养社会主义核心价值观的重要源泉,也是我们在世界文化激荡中站稳脚跟的坚实根基,要结合新的时代条件传承和弘扬中华优秀传统文化,传承和弘扬中华美学精神。习总书记的讲话为我们的吴歌保护传承工作既指明了方向又赋予了时代新要求。

　　自然生态环境是吴歌赖以生存的前提。山歌原生态生存大环境整体缩水是当今现实,也无法回避。但区域性原生态小范围歌区就像散落的珍珠一样还大量存在。建立吴歌的原生态保护基地是当务之急,尤其是传统村落的保留显得更为重要。因为传统村落保留了千百年来人们的文化生活痕迹,能使生活在该区域的人、物和环境处于固定的生态关系中,从而较完整地保留社会的自然风貌、生产生活用品、风俗习惯等文化要素。依赖于背景环境存在的非物质文化遗产才能真正成为名副其实的文化载体,吴歌也就成为有本之木、有源之水,吴歌这一具有历史、文化和科学价值的非物质文化遗产才能得到有效的保护、传承和发展。

二、"阳澄渔歌"生存环境保护及其实践

　　早在2009年,阳澄湖镇就被苏州市列为城乡一体化综合配套

改革试点 23 个先导区之一。为此,我们曾花费一年多时间跑遍阳澄湖镇十个行政村的大部分自然村庄,深入寻常百姓之中,一方面抓紧做好探访造册登记民间老山歌手具体数量、采录整理山歌遗存资料工作,另一方面实地了解掌握山歌的主要集聚区及具体分布状况、主要传唱形式等第一手情况,然后于 2011 年初形成书面材料汇报镇党委政府,得到了领导的高度重视并及时把"怎样留下一方水乡净土保一方传统特色文化给子孙后代"总体设想纳入城乡一体化进程的整体规划中。到 2013 年,已明确落实了近 60 个民风民俗淳朴、传统文化底蕴良好、民间文艺基础扎实的自然村庄作为保留村庄。其中,包含通过实地调研论证、均衡分布在全镇各区域内主要山歌的自然村落:位于镇东北部拥有 170 多户 700 馀人口的下良湾;位于镇北部,历来有隔河对山歌传统,拥有 160 多户 650 馀人口的岸头郎和拥有 150 多户 500 馀人口的吴家浜;位于镇西部,拥有近 210 多户 770 馀人口的北家浜、陆家浜、陈家湾等。

尤为可喜的是,位于阳澄湖西岸湾,渔家风貌浓厚的河底自然村拥有 400 多户人家 1200 馀人口,几乎过半人家还在从事养蟹捕鱼、渔具制作等各类渔业劳动,且都会来上几句山歌(俗称"山歌窝"),也被吴歌协会马会长实地考察论证为阳澄渔歌主要发源地之一。河底与临阳澄湖西岸边总共有 350 户 1300 馀人口的南大、竖头港等六个自然村庄一同被列入保留村庄范围内。同时,占地 30000 多亩的阳澄湖镇国家级现代农业产业园区约三分之二以上的面积为人工养殖大闸蟹、清水虾及各类淡水鱼的区域,近三分之一的面积为稻麦油菜、瓜果蔬菜种植区和观光休闲农业区。部分农民还在农产园从事各类农、渔业生产劳动,基本保持了传统的劳作方式和生活习性。具有传统文化底蕴的自然村庄的保留与现代农产园的建立,使得农耕与渔耕文化存在于一种更和谐的自然生态环境中,成为该地区以阳澄渔歌为代表的非物质文化遗产良好的生态保护基地。

可以这么说,2009 年是阳澄湖镇城乡一体化启动之年,也是阳澄渔歌保护的关键之年。阳澄湖镇抢抓机遇,变被动为主动出击,为非物质文化遗产的保护工作赢得先机,抢救性保护传承工作得以有条不紊地展开,也为阳澄渔歌的保护传承奠定了良好基础。

三、吴歌活态保护传承的积极探索

上世纪80年代改革开放初,阳澄湖区域乡镇企业方兴未艾,随之而来的是水环境等严重污染问题接踵而至。主要以清澈水资源而赖以生存几千年的阳澄湖大闸蟹等特种水产品濒临绝境。但聪明勤劳的阳澄湖人,凭着智慧,一边抓紧治理阳澄湖,一边尝试选择水质量可控制的局部水面进行围网式养殖、临近内河内塘放养式养殖、开挖蟹池塘养式养殖,均获成功。到后期竟然成功建立了蟹苗培育基地,硬是探索出了一条大闸蟹人工养殖之路,使阳澄湖大闸蟹产业得以空前辉煌,并辐射带动了太湖地区及江苏兴化、高邮等地的螃蟹产业。吴歌在当今城市化进程中面临的活态传承难题与上世纪80年代的大闸蟹生存难题本质上是相同的。

1. 放养式传承保护

整体规划保留的自然村庄、农耕渔耕自然生态环境就是吴歌的"水资源",散落在各村落内的民间山歌手就像一只只大闸蟹。自然环境、传统的生产生活方式、地方色彩的民风民俗是吴歌生存的土壤。

不同于过去的是,随着政府对社保、医保等社会保障体系的不断健全,百姓生活水平的日益提高,人们开始更多地追求自己的业余文化生活,唱山歌除了日常劳作解乏、增添情趣之外,更多用于人们茶余饭后的娱乐生活、传统祭祀、庙会等信仰寄托。而这些活动往往是成群结队的,少则几人,多则十来人甚至几十人上百人,形式随形势而变,但吴歌性质没变。

据不完全统计,阳澄湖镇有各种民间团队四十余支、近千人,其中山歌手上百人,形式多样的民间文艺活动就是山歌一代代传承的主要方式。传唱的内容也随形势变化而变化,如《老来生活像蜜糖》山歌:

嗨……

我伲老人心里爽，
轻轻松松山歌唱，
生活样样有依靠，
政府项项来担当。

嗨……
我伲老人好风光，
快快乐乐游四方，
共产党赛过亲伲子，
老来生活像蜜糖。

这首山歌虽然语言朴实，但真实体现了老百姓的美好生活及对党和政府的感激之情。笔者特地询问过多位传唱者，山歌的作者是谁，都说不晓得，也不在意，关键是道出了心里话，蛮有意思，就这样大家一传十、十传百地传唱开了。由此可见，只有来源于生活、扎根于民间的山歌才能自由自在地传唱。

2. 精养式传承保护

所谓精养式传承保护，就是在放养式吴歌保护传承群众基础上，组建成立各种山歌班子，等于开挖一只只"蟹塘"。我们注册登记成立了文化站指导的"阳澄渔歌演唱团"，主要社区、行政村层面成立了"阳澄渔歌演唱队"，民间自由组成了多个"阳澄渔歌演唱组"，吸纳吴歌爱好者参与到团、队、组活动中来，定期举办各类渔歌演唱活动。团级层面主要负责收集整理渔歌资料，建立渔歌档案；二度创作吴歌节目，推陈出新，打造既有吴歌底蕴又符合现代人审美观点的亮点节目，积极参加区、市级以上群众文艺活动。同时，通过整理出版阳澄渔歌第一、二集，制作吴歌音像资料，并通过电视等大众媒体多渠道宣传，让更多的人了解、喜欢吴歌，以扩大吴歌的影响力。队、组级层面主要在开展好基层吴歌活动的基础上，举办镇级吴歌演唱、比赛活动，营造好唱吴歌的氛围。全社会多层面精养式保护传承能使更多的人参与到吴歌的传承中来，推动吴歌不断传承发展。

3. 苗圃式传承保护

习近平总书记指出,"要讲清楚中华优秀传统文化的历史渊源、发展脉络、基本走向,讲清楚中华文化的独特创造、价值理念、鲜明特色,增强文化自信和价值观自信";"努力用中华民族创造的一切精神财富来以文化人、以文育人"。

苗圃式传承就是从娃娃抓起,在中小学中普及吴歌。把吴歌编为乡土教材,让孩子了解吴歌,开办唱吴歌兴趣班,让孩子喜欢吴歌。让每个学生都可以唱上几句吴歌,在潜移默化中影响孩子,让吴歌切实做到代代相传。

近年来,我们想方设法,多管齐下,切实加强城市化进程中对吴歌的保护传承工作,初见成效。2009年通过比赛评选出"阳澄渔歌十佳歌手";2010年亮相上海世博会;2011年列入苏州市级非遗名录;2012年获中国首届水上民歌大赛银奖、省廉政山歌邀请赛一等奖;2013年获苏州市级金奖;2014年获"巴城杯"长三角民歌邀请赛一等奖、第三届白茆山歌艺术节暨长三角地区原生态创作山歌展演活动优秀展演奖。阳澄渔歌的有效保护传承工作步入了一个良性发展阶段。上述拙见,希望能给吴歌的保护传承工作带来一点辅助性参考。

(作者为苏州市相城区阳澄湖镇文化站站长)

"活着"的民间信仰

——阳澄湖地区圣堂庙会民俗活动调查

徐国源　谷　鹏等①

圣堂庙会是以东岳大帝为祭祀神的庙会活动。东岳大帝,又称泰山神、泰山君、五岳君,排于玉清元宫之第二位,冠五岳之首。根据中国汉族古老的阴阳五行学说,泰山位居东方,是太阳升起的地方,也是万物发祥之地,因此泰山神具有主生死的重要职能,并由此延伸出几项具体功能:固国安民、延年益寿、统掌福禄、主宰鬼魂。自战国开始,东岳泰山为各朝所重,不断崇封泰山神爵。出于神道设教的需要,多位帝王甚至亲登泰山,封禅祭拜。道教亦很早崇奉泰山神,并尊东岳大帝为"掌天仙六(录)籍"的古仙,反映出东岳大帝在道教中地位之崇高。

相传农历三月二十八为东岳大帝的寿辰,阳澄湖镇周边的百姓们便从三月二十六开始,为期三天,将各村庙里的神司相继抬往圣堂寺仁圣殿,为东岳大帝祝寿,称为"上朝"。此俗由来已久,历史上称作"春会"。新中国成立后,圣堂庙会活动曾一度告歇。上世纪90年代后期又逐步恢复,并冠以"文化节"的称号。2002年,正式更名为"圣堂庙会"。2013年,圣堂庙会被列入苏州市级非物质文化遗产保护名录。

圣堂庙会主要以民众自发组织为主,阳澄湖镇文化站、宗教办

---

① 圣堂庙会调研活动历时两年多。主要参与人员有徐国源、谷鹏、梁璐瑶、陈羿霖、余璐、张思静、张彪、韩雷、于家豪、过琪瑜等十五馀人。调研过程中,得到了苏州市非物质文化遗产保护管理办公室龚平主任和王艳副主任,阳澄湖镇文化站站长李雪龙,阳澄湖度假区管委会潘苏平主任、旅游管理办公室主任马林龙及当地二十多位非遗传承人、民间艺人的大力支持和帮助,在此一并表示感谢!

负责协调掌控民间团队（会班）活动进度，派出所、交警、城管负责维护交通及庙会现场秩序。与常见的庙会不同的是，除了农历三月二十七当天举行的东岳大帝贺寿仪式（即圣堂庙会）这一高潮部分外，还有周边村庙对当地土地神的祭祀活动，这两部分活动共同构成了信仰和民情交织的圣堂庙会。

一、阳澄湖周边村庙的出会祭祀活动

阳澄湖镇周边散布着十多个自然村，每个村里都建有一个土地庙。村民们认为，庙中供奉的神司能护佑这方土地上的子孙，理应受到祭拜。

依循古代官僚等级礼仪，在更高级别的东岳大帝的寿诞之日，作为地方小官的神司自然要前去朝拜。所以多少年来，当地各村先在自己村庙中祭祀土地神，然后再到圣堂寺朝拜，已形成一整套较完整的祭祀和出会的民俗仪式。

在阳澄湖周边十多个土地庙的出会仪式活动中，陆云土地庙和采宝庙较具代表性，通过这两个村庙的祭祀活动，大致能一窥传统村庙祭祀的礼仪旧俗。两个村庙的出会活动，内容稍有差异，顺序有所不同，主要分为三个部分：（1）前期的组织准备；（2）各村庙的祭神娱神游神活动；（3）众神齐聚圣堂寺贺寿。具体的祭祀仪式，又分为四个程序：一是庙会举办前的祈祷敬香；二是祭神仪式；三是娱神表演；四是游神巡街。具体记录如下。

（一）陆云土地庙的祭祀活动

陆云土地庙位于相城区阳澄湖镇中行街（今人民街）后弄底向东100米，庙名"内史祠堂"，俗称陆云土地庙。村民祭祀一般分春秋两次，所祭祀的土地神——晋人陆云，为三国时期陆逊之孙。传说陆云履职期间，在相城为朝廷征粮的途中，看到百姓深陷饥荒灾害，饿殍遍野，于是将所征得的粮食尽数救济灾民。陆云遇害后，当地百姓感恩他，专门立庙供奉祭拜。明成化年间，里人沈贞吉自己出资重修陆云土地庙。而后历经四百多年，庙宇变得残破不堪。民国十一年（1922），里人姚文澄又筹措经费，发起募捐，再一次重修陆云土地庙。而今，庙中仍存放两块石碑，一块是明代华盖殿大学士、兵部尚书徐有贞为第一次重修所作的《晋大将军右司马陆士龙祠记》碑文,而另一块则是民国施兆麟撰写的碑文《重修陆士龙祠堂记》,记录了第二次重修庙宇的经过。

如今的陆云土地庙依于水畔,立于村落民居深处,隐而不显。庙宇黄墙青瓦,形制简单。一进庙门,左手边放置着两块记录修庙历史的石碑和一艘木雕小船。旧时,当地乡民主要以渔业为生,陆云土地神被赋予了保佑水域丰产、风调雨顺的神力,庙中的小船便有着这一象征寓意。往里一间即为正殿"内史祠堂",上设匾额"晋大将军",下方供奉着陆云神像。神像前的香案上置放着崭新的香烛,两侧分别摆放两顶轿厢,一顶为土地神准备,另外一顶则是为陆云夫人准备的。

农历三月二十六,乡民们从早上便开始为陆云土地神敬香,并准备了一桌丰盛的酒席。二十七日为庙会活动的正日,出发之前要举行祭祀仪式。清晨六时左右,一声铜锣震天响,祭祀活动正式开始。先在神像前上香祭拜,口中唱念《托香经》《土地经》《庙堂经》《木鱼经》《十拜观音》《一拜玉皇》《三月稻花》等,祭祀、祝福土地神,并祈求神明护佑。然后几个村民将陆云夫妇神像抬至殿前,随之,各式各样的民间表演轮番登场。按照当地的安排,每个自然村各出三个班子,所以几乎每家都有人参与到活动中来。表演节目者多为当地的农家妇女,既有传统的托香盘敬神、舞龙表演、打连厢、敬风铃、挑花篮、打腰鼓等,还有颇具现代感的流行歌曲的演唱。

五六个表演之后,村民们将身着崭新大红官袍的陆云神像移动到轿厢中,将轿厢抬至殿前。没过多久,圣堂村的出巡队伍也抬着刘猛将神像,一路敲敲打打来到陆云土地庙,与陆云土地神并列站在殿前,一同接受乡民们的祭拜。据村民说,圣堂村的刘猛将与陆云,二人是甥舅关系,且猛将神的官职比陆云神要低,所以猛将神在朝拜东岳大帝之前,先要来拜见自己的舅舅。

七点左右,祭神仪式正式开始。神像前,摆放两桌酒席,盛满了菜肴和美酒。点燃香烛后,便不停有乡民前来跪拜。稍后,圣堂村的表演队伍也加入进来,同样是舞龙、打腰鼓、打连厢等传统民俗舞蹈。不过,他们也有着自己的"拿手戏",除了带来传统的山歌、宣卷和戏曲,还有新潮的现代歌曲《走进新时代》等。每次娱神表演后,乡民都会到陆云和刘猛将神像前跪拜,以示敬仰。

出会前的祭祀活动,大约会持续一个小时。八点,祭神仪式结束,伴随着震天响的爆竹声,村民们依次排队,五六百人的队伍开始正式巡街。队伍中共有三顶大轿,分别是:上天王猛将神在前开道,中间华丽的轿厢是陆云神夫人,而后就是陆云土地神。出巡队伍按照古时官员巡街的仪式,鸣锣开道,紧跟着一对对"十禁牌""肃静""回避""旗伞""灯幡"等;后面跟着的表演班子,唢呐锣鼓声调高昂,在吹奏敲打之间,众人抬着神像按照提前规划好的路线去往圣堂寺,一路上接受着来自信徒的祭拜和祈愿。

(二)采宝庙的祭祀活动

采宝庙,亦称采宝土地庙,始建于北宋嘉祐年间(1034—1038),供奉土地神蔡抗,即明王(别号江苏大邑都城隍)。据吴荫培《采宝庙记》:此庙"祀宋礼部侍郎蔡公抗,前以秘阁校理知苏州也。庙以'采宝'名,乡人士群集其中祀神祈谷,取地不爱宝之义也"。蔡抗在苏任职期间,见阳澄湖北地势低洼,水灾不断,遂兴修水利以解百姓之难。当地乡民感其恩德,故立庙祀之,祈祷"土谷神"常显灵于此,使无灾害,庇荫嘉谷。① 距今九百多年的采宝庙也经历过多次兴废。清咸丰十年(1860),毁于一场大火。清同治年间(1862—1874),里人施登鳌、陆金榜、张世泰等率众捐钱重建。光绪甲午年(1894)春末,张毓庆循其旧址,与众姓量力捐金千馀缗,将庙宇修葺一新,大为改观。并在大殿之东偏,添筑书室三楹,名野趣轩。在殿前铸万年宝鼎,重三千六百馀斤。民国十二年(1923),施兆麟与乡里人士又重修此庙,时勒碑,以告后人。新中国成立初,采宝庙拆除,改建为湘城中心小学。上世纪90年代,民间自发募集资金,在采宝庙原址建庙宇三间,形成了今天所见的

---

① 当地另有传说,这位土地神叫郑载康,乳名采宝,生活于南宋初,籍贯不详。此人为商人,却生性豪放,乐善好施,深受百姓爱戴。有一年,阳澄湖一带遭遇水灾,采宝先生为救乡亲,到外地购粮,路途中遇见强盗,终因寡不敌众被强盗砍死。乡民们悲痛不已,自愿捐资造庙,尊采宝先生为土地神,号采宝老爷,庙称采宝庙,常年在此烧香供奉。

格局。

相比陆云土地庙，采宝庙的规模较大，香火更旺。该庙宇建于乡镇马路旁，庙前的场地较为开阔，右前方树有两面彩色旌旗，迎风翻飞。采宝庙的前期准备，从农历三月二十便开始了。乡民们通常以家庭为单位，先到采宝庙"交皇粮"，上面写着信奉者的姓名、交存时间和地点，并盖上"采宝明王土地"字样的印章。"皇粮"要交两份，其中一份盖"存造"印，存放在庙里，另一份则盖"天饷"印，于三月二十六清早送往圣堂寺内烧化。在送"皇粮"的路上，村民们还会敲锣打鼓，其意为震慑夺"皇粮"的盗贼。

走进大殿，明王神像前的香案上，供奉着各类祭祀用的供品。庙会举行的前日，乡民已为明王神像掸拂灰尘，换上新衣。神像左上方，悬挂着一艘木制小船，做工精美，其寓意为保佑一方水土平安和顺。龙王夫妇位于神殿的右侧，左侧则是一排兵卒和小龙宝。两顶锦绣华美的轿子已摆放在殿中，只等着庙会当日一齐抬往圣堂寺。

据当地百姓的口传，蔡抗在众神司中的地位较高，是仅次于东岳大帝的地方神，所以按惯例旧俗，到圣堂寺第一个拜见东岳大帝的土地神即为明王蔡抗。如今，地方上考虑到庙会进程的顺利，已稍作调整，但这并不妨碍明王蔡抗在当地老百姓心中的身份和地位。

三月二十七出会之前，采宝庙照例有一番祭拜明王的仪式活动。村民一早就将明王夫妇的大轿搬出，放置在殿前场地中。轿子的前面为贡台，上面放置着蜡烛、苹果、馒头、粽子等贡品。这时，已有些信众和附近村民前来磕头，祭拜明王以及庙里众小神。

六时左右，伴随爆竹、鼓乐的喧响，村民们将明王神像搬出，抬至广场上的轿中。先为一番进香祭拜仪式，然后即开始村民们娱神的表演，如舞龙、挑花篮、打腰鼓、扇子舞等，在表演的同时，乡民们还手托香盘、敲着木鱼唱《拜观音》以及《十二月花名》《天涯歌女》《荷塘月色》《好运来》等新老歌曲。

七时左右，庙前场地上陆续迎来周边四个村庙的土地神，谓之"会班"。据村民们介绍，这四个小神司分别是上天王猛将神、中天王猛将神、白面忠孝王和红面忠孝王。这四个土地神，据传与采宝明王有甥舅关系,故要先来参拜。但见轿夫抬着四神的大轿,朝明王三叩首,以示礼节。接着,祭祀仪式正式开始,身着青衣长衫的老先生从明王开始,依次向五位神司敬香,周边聚集的信众则摇着手铃,期间不断有乡民上前磕头祈福。祭祀仪式将近尾声,民间艺人边奏边唱《大天官》《天官赐福》《香曲》《懒画眉》《集子花》《猫耳醉》等内容。

待这场庙前的"狂欢"结束,浩浩荡荡的队伍抬着明王和其他四个庙神一道前往圣堂寺。

二、圣堂寺的庙会民俗活动

如今的圣堂寺位于凤阳路106号,该寺主殿供奉佛教如来佛,偏殿供奉的却是道教的东岳大帝。自明初圣堂庙建成以来,每年农历三月二十六至二十八,阳澄湖镇及周围的沺泾、太平、渭塘等地,民众都会抬着本村的土地神来到圣堂寺,参加庆贺东岳大帝生日的信仰活动。

按旧俗,各村在祭祀了自家村庙中的土地神之后,便用八抬大轿抬出蔡抗、陆云、猛将等各路大小庙神,前导是"起马牌"(即庙衔行牌)马夫和两面大锣(对锣)鸣锣开道,紧跟着一对对"十禁牌""肃静""回避""万民伞""銮驾""执事""旗伞""灯幡"等,接着由丝竹音乐班边走边吹奏《行街》《梅花三弄》《中花六板》《柳春阳》等古乐曲,后面即是各个会班和乡民队伍,包括舞龙、打连厢、臂锣、托香、小拜香、挑花担、荡湖船、台阁小轿等,还有一色黑衣密扣、手执红棍的"武松班",脚踩木棍的"高跷班",手擎铁索、拶指(夹指刑具)的"阴皂隶班",等等。

出巡队伍在吹打弦乐声中蜿蜒而行,边走边演,好似一条长龙。每隔几分钟还会点燃爆竹。在出巡队伍里,妇女们身着红绸彩缎,或挑着花篮舞动,或扬手打起腰鼓,又或手托香盘唱着山歌,显现出一幅众声喧闹、色彩纷呈的民俗画卷。所经之处,各家各户、大小店面都要放鞭炮、燃香烛、烧香纸,沿路的群众则会双手合十,以示祈愿求福。

抵达圣堂寺前的场地后,各村将依次排好队伍,打着华盖、旌旗,掮着"回避""肃静""威灵""显赫"的行牌,抬着各土地老爷的神像进入圣堂寺内。队伍由山门进入,经由右侧通道到达供奉东岳大帝的仁圣宝殿。

进入殿内,但听得抬轿的村民发出威武雄壮的"嗨、嗨、嗨"的吆喝声,是为上朝三磕头(三进),接着由各村代表为东岳帝、土地神上香敬酒,整理红绸、红花,然后又是"嗨、嗨、嗨"三声,为退朝三磕头(三拜)。朝拜礼仪结束,各土地神即被置放在殿前广场的右侧,观看精彩的娱神表演。

随着爆竹和鼓乐响起,表演开始。只见东岳大殿前的场地上,调龙灯、挑花篮、打连厢、扭秧歌、铜鼓队、手鼓队、女子舞龙队、唱渔歌、传统戏曲等民俗活动,便开始登场亮相。各支队伍纷纷拿出自己的看家本领,尽情表演,以示对东岳大帝的虔诚和尊崇。其表演者,多为来自各乡镇的不同职业的女性,尤以中老年人居多,其中也不乏80后、90后的年轻人。这里,将当地较具地方特色的民间表演作一简述。

1. 龙舞

亦称舞龙。龙由龙头、龙身、龙尾三部分组成,用竹篾扎制骨架,用棉布或绸缎包裹龙体,用彩珠装饰头尾,龙身绘有鳞片。龙随珠球而腾跃或翻滚,传统舞龙套路有"叠罗汉""撬荷花""舞四方""穿龙门""盘龙""滚龙"等。舞龙表演通常会伴随着锣鼓唢呐,时而紧锣密鼓,热情奔放,时而唢呐悠扬,情趣绵绵。河底村的一支女子舞龙队,其表演动作不但有平常所见的左右调龙舞,而且有很少见到的挑梗、盘旋、荷花、转龙、穿龙、蝴蝶、骑调、五角星等丰富多彩的动作。

2. 荡湖船

船娘们置身于用竹子扎成的彩船中,用绸带扣系前后船梁,背在肩上,手扶左右船舷,随乐舞步,摆动船体。而艄公的扮演者,则把橹或操桨,随船边舞边唱。

3. 担花担

由小扁担挑着花篮,均用彩花绸带装饰,村民们挑着小花担,晃晃悠悠,随着民乐伴奏江南小调,边唱边行,载歌载舞。

4. 台阁小轿

即村民用轿子抬着两个女童和一个男童前来拜谒,此在队伍里最为显眼。所谓"小轿",是用铁或竹做成一两丈的高杆,上有分枝,将其固定在台桌之上;而幼童少儿们则装扮成《白蛇传》《劈山救母》《牛郎织女》等戏曲故事中的人物,缚立在高杆顶上,用衣服掩饰捆缚处,好似站在伞上、花瓶上。百姓们认为,祭祀仪式中奉上童男童女,最能表示内心的虔诚和仪式的隆重,由此也可以看出圣堂庙会的规格和分量。

娱神表演结束,庙会活动也就接近尾声了。各支队伍按照来时的顺序,抬着土地神像,一路敲敲打打返回。回到村庙后,每个活动参与者都会吃一碗热腾腾的面,寓意吉祥长寿。

每年举办圣堂庙会的数日,阳澄湖镇及周围的沺泾、太平、渭塘,常熟横泾、辛庄,昆山巴城甚至连无锡等地,都会有2万多民众自发赶来参与庆贺东岳大帝生日的信仰活动。赶庙会的乡民们上至耄耋老人,下到黄毛小儿,几乎涵盖了各个年龄层。整个庙会,可谓是一个充满浓郁乡土味的传统民俗文化节,也是民众"狂欢"的盛会。

三、圣堂庙会民俗调查后的思考

在调查中我们体会到,圣堂庙会基于当地百姓的民间情感,根植于悠久的民俗传统,有着深厚的群众基础。它在今天仍然迸发出民间信仰的活力与生机,又显现出信仰与浮世的交响、传统与现代交融的时代特点。通过圣堂庙会活动的调研,我们的思考是:

1. 庙会在今天的乡村社会运行中仍产生深刻而积极的影响

传统的农耕社会是一幅以自然环境为依托、以村庙为中心、以宗族血缘为纽带、以经济和文化为支撑的交错互动的流动图景。复兴的庙会融合了地方文化,彰显了时代元素,对现代乡村社会的运行产生深刻而积极的影响。

从旧时代以至今天,农村的信仰和娱乐活动受到设施、环境和劳作时令的限制,较少有大规模的集体参与方式,而庙会活动恰恰提供了居民们可以接受的时间节点和地域范围,因而在一定程度上促进了农村居民的娱乐和社交活动,在某种程度上也能消除各村落人们之间的"孤立和隔膜"。庙会还为民间文艺提供了天然的献艺舞台。人们借助庙会这个文化浓郁的氛围,展现着自己各种精彩绝伦的技艺,丰富了庙会的表现内容,激发了人们逛庙会的热情。就圣堂庙会来说,它为打连厢、扭秧歌、挑花篮、渔歌、传统戏曲等富有地域特色的文艺活动,搭建了献艺的露天舞台,使传统民俗文艺得以传承和发扬。

2. 多神信仰的背后,其实深藏着百姓内心的现实需要

圣堂庙会本来是以祭祀东岳大帝为主要信仰的庙会活动,但在民间社会,人们不仅祭拜地位最高的神灵,其他各个村庙里的土地神也受到了隆重的祭祀。陆云土地神、采宝明王、上天王猛将神、中天王猛将神以及忠孝王、龙王、财神爷等都成了乡民们祭祀的对象。这些神明或是对百姓有恩的地方官员,或是治水、驱蝗有功的传说人物,又或是赐福招财的神明,其种类繁多,不一而足,祭拜的目的具体而实惠。在乡民们的心目中,不管是何方神圣,只要为百姓做好事,祛灾降福,都可以成为祭拜的对象。这种多神信仰的背后,其实是深藏于百姓内心的十分现实的需要。

随着科技与社会的进步和人们生活的日益改善,传统庙会所包含的信仰因素或许不再像旧时那样明显,但不可低估的是,传统的神明崇高的情感意义并没有完全熄灭,信仰的力量依然保存在仪式化的信仰活动中,并且让人动容。同时,不必否认,今天的庙会活动不仅赓续了信仰民俗活动的特征,还越来越带有"人间欢会"的气氛,朝着"大众娱乐"方向发展。所以,当今庙会具有"信仰"和"娱乐"的双重性,人们参与其中,既"娱神"也"娱己",获得多方面的心理满足。

3. 民间社会通过为众神之间建构亲缘关系,为当地民众建立地方认同

阳澄湖地区各村庙里的土地神,其信仰的谱系各不相同,有佛教、道教的神明,也有民间信奉的神灵。众神之间的关系看似不太紧密,甚至可以说"八竿子打不到一起",但从庙会的祭祀仪式活动中我们却发现,民间社会往往会按照世俗的想象,为众神之间建

立一种社会关系。

首先,他们遵循着严格的官僚等级秩序。作为当地地位最高的神明东岳大帝,在其寿辰之际,除了接受信徒的祭祀,还要接受比自己地位低的土地神的拜见。这种拜见在民间被称为"上朝",类似于古代官员朝拜皇帝。东岳大帝历来被看作是大道地系神祇之皇帝,以此类推,村庙中的土地小神司便成了他手底下的官员。不仅如此,各村庙土地小神之间地位也不同,地位更低的土地神在拜见东岳大帝之前,还得先去拜见地位稍高的神司。可以说,这是人间官僚等级体系在宗教信仰体系中的映照,"民间想象"使神明之间的关系"等级化"了。

其次,地方小庙之间的神司还被"建构"出一种紧密的血缘关系。在调查中,让我们感到惊奇的是,来自圣堂村的猛将神在拜见东岳大帝前,必先拜见陆云土地神。当地村民介绍其中缘由,原来二神是甥舅关系。而采宝庙周边的四个小神上天王、中天王、红面忠孝王、白面忠孝王,他们除了是采宝明王的下属,还是采宝明王的外甥,而忠孝王本身又是兄弟二人。相较于上下级的关系,血缘宗亲使神明间的关系变得更为紧密,多了一重人间血缘宗亲的情味。

这种众神谱系安排,深刻反映出民间的想象性建构。其背后的精神基础,隐藏着一种社会关系的机制和历史积淀的"攀龙附凤"的传统。费孝通在《乡土中国》里说道:中国的乡土社会注重血缘关系和作为血缘投影的地缘关系,"世代间人口的繁殖,像一个根上长出的树苗,在地域上靠近在一伙。地域上的靠近可以说是血缘上亲疏的一种反映,区位是社会化了的空间"。① 所以,地缘相近的神明之间,可能被乡民们赋予了更亲密的血缘关系,又或是具有血缘关系的乡民分散在靠近的空间,以神明之间的血缘联络着自己的宗亲血缘。这个问题尚待考证,但能够确定的是,神明之间的"血缘",反映了传统乡土社会的村与村、人与人之间的关系,它对民间社会有着强有力的影响,直到今天,这种影响仍在乡村延续。

再次,众神之间的社会谱系,往往会以"口传"的民间文学勾连起

---

① 费孝通《乡土中国》,北京出版社2004年版,第102页。

来。神明之间具有的亲缘关系的认证,一般只能靠百姓们口口相传,并不会留下文本资料以供后人查证。即便有一些民间社会流传的说法、故事,因为传播人群的非均质化和记忆、方言等因素,人们总会找到不同的版本,甚至存在一些矛盾的方面。因此,作为调查者,除了要具体记录可见的仪式和表演,仍有必要深入村民口头故事和传说的"讲述"中,辨析传播过程中产生的各种"异文",逐渐逼近最初的面貌。这些"口头讲述"的忠实呈现,对于"还原"一个地方的民俗文化具有重要意义。

从上述几个方面可以看出,民间文化存在着很多不确定的因素,尤其是口头传说的部分。例如,我们在陆云土地庙的调查过程中,发现"娱神"环节有这样一种表演:十二个表演者身系彩绸,两手各持有圆环串起的四个铃铛,队伍前站着两个人手持纯铜直杆引磬,一边敲打一边唱着经文。有村民说这个表演叫"敬风铃",又有村民说叫"静风琴",虽然读音相似,但意思相差甚远。这种民间舞蹈表演带有鲜明的地方特色和宗教色彩,其具体的名称却无法从乡民的口中进行准确的查证。如何在最大程度上"真实""科学"地呈现地方性民俗文化的本真原貌,确实是值得思考和重视的一个学术问题。

四、圣堂庙会文化传承的具体建议

我们在调查时,适逢苏州少遇的大暴雨,但依然见到数万人参加当天的庙会活动,可见在今天的农村地区,传统的庙会仍具有顽强的生命力。如何因势利导,既积极传承弘扬信仰文化,又活跃老百姓的文化生活,让传统庙会更好地传承和发展,我们拟提出以下几点建议。

1. 主管部门要加强庙会民俗文化的挖掘

圣堂庙会虽说是老百姓自发组织的信仰民俗文化活动,但由于历史的中断和时代的变迁,沿承至今实际上已少了许多"原真信息"。鉴于此,政府文化部门应从弘扬传统庙会文化、建设新农村公共文化的角度入手,建立有利于保护传承的保障机制,加强学术研究,进一步挖掘、整理圣堂庙会的文献和实物资料,形成一套完整的文字、音乐、视频文本资料,以利传承、弘扬下去。

2. 重新安排东岳行宫宫殿位置,与皇罗禅寺形成错位发展

祭拜东岳大帝(道教)是圣堂庙会活动的主体,而庙会活动的

举办地圣堂寺则包含了佛教的寺和道教的观两个场所,且奉祀主神的东岳大帝所在的观(道教的场所应是观)处于圣堂寺的偏殿位置,总显得不伦不类,并且活动场所过于狭小,不利于活动的展开。阳澄湖镇文化站李雪龙站长设想,为了保证祭祀主体活动顺利开展,可以重建东岳大帝庙,或把东岳大帝迁到灵应观。

3. 扩展表演舞台,提供庙会活动演出平台

从传统意义上来讲,庙会演出就是娱神,即让神灵得到享乐,表达信徒对神灵庇佑的感恩之情。因此,戏台在庙宇建筑中不可或缺,是寺庙文化中的重要部分。今天,专门为神灵编排的节目逐渐减少,为老百姓喜闻乐见的节目日渐增多,庙会演出的娱神功能最终被为人服务所取代。但目前圣堂寺没有充裕的场地,庙会期间的表演活动没有相应的演出舞台,各支队伍也没有一定的演出秩序,往往各自选择某一处大殿前的空地就开始表演。而且,几支腰鼓队、挑花篮队挤在一处表演,没有充足的表演空间,妨碍表演者的发挥,也不利于参加庙会的群众观看。因此,圣堂寺需要尽快筹措资金搭建戏台,为庙会表演活动提供演出场所。

4. 多元文化结合,丰富节目内容,提升文化内涵

目前,主管部门对庙会文化活动经费投入较少,限制了庙会节目形式的创新和延伸,不利于庙会的发展延续。具体表现在:圣堂庙会在活动策划方面投入不够,原生态项目、精品项目太少。表演队伍基本都是由腰鼓、打连厢、挑花篮、女子舞龙队组成。应该对现有节目进行筛选并适当增加一些新的民俗项目,减少重复的节目,增加可观赏性。应当恢复庙会原有的文化内涵,适当增加宗教类节目,如道教音乐、宣卷、传统的戏剧曲目等。在此基础上,每年庙会可以适当更换节目内容,使庙会演出更加丰富多彩。

5. 扩充商品贸易,进行规范化管理

圣堂庙会在庙会主体活动之外还可以适当扩充商品贸易,并对商品贸易进行规范化管理。商品贸易是庙会的一个重要组成部分,配合仪式表演、造型表演的民间手工艺品活跃着庙会的文化气氛,如吹糖人、捏面人、塑陶人、雕木人、扎风车等。这些形体小巧、做工精美的手工艺品,具备可食、可视、可玩、可携带等特点,不仅

满足了庙会上儿童的需求,而且为庙会增添了色彩。此外,庙会上的农产品和其他商品交流也是重要的部分,与季节性农村大集不同,庙会上的商品往往不是农民急需的用品,因此,这些来自农村或城市的生产生活用品不只满足了城乡居民的物质需求,更重要的是提高了人们对庙会的认同,也代表了阳澄湖地区的民俗文化,遴选参会商铺时应注重对产品质量的把关。对于圣堂庙会上的摊点,可以借鉴国外跳蚤市场的经验,尽量采取宽松自由的管理方式,在保证参会产品质量的同时,在管理组织上少设置一些障碍,多增加一些人情味儿。让卖家心甘情愿地到庙会上摆摊卖货,让赶会者在琳琅满目的商品中获得一种不同于商场购买的文化愉悦。这样的贸易方式贴近传统,没有程式化的束缚,可以让购买者亲近商品,亲近卖者,可以讨价还价,享受购买的快乐,享受自由选择的愉悦,享受没有任何约束的挑挑拣拣。这样的自由贸易方式也会使圣堂庙会上出现越来越多的商品类型,拓宽商品贸易的形式,也能扩大圣堂庙会的影响力。

6. 加强安全防范意识,确保庙会活动顺利开展

庙会文化活动参与人数众多,各种安全隐患不容忽视。加强庙会文化活动的安全意识与管理,是确保活动顺利进行的重要举措。政府和庙会组织或领导者要高度重视庙会文化活动的安全工作,落实安全工作责任制,将重点部位、重要场所的安全管理工作落实到位,责任到人。同时,庙会期间也需要组织一批庙会志愿者负责安全引导和提醒,如在活动场所、道路交通、演出场所等地安排志愿者服务,直到活动完全结束为止。此外,还要根据圣堂庙会的实际情况,制定相应的应急预案,落实相关的补救措施,以保证活动文明有序、安全顺利进行,达到预期目的。[1]

(作者徐国源,苏州大学文学院教授、博士生导师;谷鹏,苏州大学凤凰传媒学院副院长、副教授)

---

[1] 参见徐国源、谷鹏等《阳澄湖民俗文化生态保护实验区建设的调查与思考》,见屈玲妮主编《冯梦龙研究(第2辑)》,苏州大学出版社2016年版,第145-166页。

口碑拾零

行走寿宁

孙月霞

是那天早上的几位老人让我有了写作的冲动。

县城中的那条河道不宽,上面横跨好几座廊桥,经历了风霜的样子,使得街道也古老起来。边上的楼房窄巴窄巴地朝上长,密密匝匝的,一间房子就是一户人家。几位老人一直端坐在河道边的一张桌子旁,一人一杯茶,仿佛像是要拉家常的样子,却又半晌没有声音,半晌没有茶响。时间是那么的慢,老人清一色的布衣和神情,凝聚成时间的雕塑。比他们更年轻一些的在廊桥里打牌,也是不着急的,有钱压在肘下面,一张百元的大钞,半晌也没有输赢,打牌的目的仿佛就是"打",不在于输和赢。昨天晚上九点多的时候,也是好几桌的人在廊桥里灰灰的灯光下"战斗",不知道是不是同一群人,总之看上去没有什么区别。廊桥下流水汤汤。

听说这座廊桥已经有很多年的历史了,在冯梦龙到这里做知县的时候,已经存在了一百多年。这座桥有个名字,叫"昇平桥",寿宁的诸如此类的廊桥很多,据说数量是全国廊桥的五分之一,专家考证说这样的廊桥就是《清明上河图》中的汴水虹桥的原型。这样的廊桥在当地既充当了交通工具的作用,桥中间往往又供有佛龛,亦是人们祭祀的场所。听说习近平总书记当年到寿宁调研,会议就是在这样的廊桥上召开的。

不远处,人声鼎沸,是一个巨大的农贸市场,很多的货品,门口有老人蹲守在那里卖菜干。他们真是非常奇妙,很多的东西都可以做成干。吃饭的时候当地的同志开玩笑说,谁猜出来菜名就有奖励,结果一盘谁也没有猜出来的菜居然是茄子干。这实在是一种迫不得已的生存智慧,"区区寿邑,尤嵌岩逼窄之区乎!沙浮土浅,梯石而耕,连雨则漂,连晴则涸"。当然,还有很多新鲜的山里植物当成蔬菜在卖,我不识,只是觉得水灵,听说有很多的功效,山里的很多东西本来就很神奇。冯梦龙当年在《寿宁待志》里提到过很多的物产,现在,又新开发出猕猴桃,还有茶叶,听说都是富含硒、锌的东西。

寿宁今天的名气来自于冯梦龙,这里是那个后来被称作"中国通俗文学之父"的人60岁做知县的地方。习近平总书记在今年党的群众路线教育实践活动中多次提到这个名字。应该说,冯梦龙的仕途并不平坦,60岁才从镇江丹徒县训导的位置上提拔去遥远的福建做了个县令,去的时候当然是怀着满腔的抱负。不管怎样,以前只是纸上的地名,现在,毕竟是一方的热土,尽管是九转十八弯,尽管是山林前呼后不应。于是,这位60岁的七品芝麻官在上任的第二天写下了豪情满怀的《纪云》诗歌:"莲花金朵朵,龙甲锦层层。似浪千重拥,成文五色凝。"非常朝气蓬勃,根本看不出是花甲之年。于是,短短的四年,形成了一系列的施政理念,建学宫,修隘口,筑东坝,断清案,忙得不亦乐乎。可想而知,在那个贫瘠民刁的地方,加上晚明官场的重重压力,想要做出一点成绩是非常不容易的,从中可以看出这个封建文人的一己担当。当地一块介绍冯梦龙事迹的牌匾里特地用到了"修身齐家治国平天下"这样正统的话语来形容他的抱负,我想是非常恰当的,充分说明了这个写出"三言"的花甲知县"为官"与"为文"的统一。冯梦龙对自己是这样要求的:做一分亦是一分功业,宽一分亦是一分恩惠;要求自己做到"以勤补缺,以慈辅严,以廉带匮"。说得非常好,非常接地气,不夸夸其谈,不人云亦云。

一点一滴的付出,带来的是一点一滴的改变。印象最深的是那篇《禁溺女告示》,先是动情,后是晓理,最后动法。谁家没有妻女?没有妻女,你从何处而来?如果溺女,如何惩罚;如果不报,左邻右舍连带官司。令人拍案叫绝。人文而果敢,为民而务实啊,难怪在很短的时间内,溺女的社会风气就大为改变。

现在想想,四年的仕途,只是非常短的一段经历,却有如此的美名,而且是来自民间的口口相传,实在不易。现在,当地的冯梦龙文化保护和传承工作做得非常好,市民广场的桥上镌刻有冯梦龙的名言警句,城里树立着各样的冯梦龙雕塑,听说连酒都有梦龙牌的。当地法院门口有冯梦龙断案的一个个小故事介绍,而那个法院院长不无遗憾地说,作为冯梦龙出身地的苏州法院系统,对于冯梦龙的"无讼"文化倒是宣传甚少。近年来,相城区通过拍摄《冯梦龙传奇》电影、编撰《冯梦龙研究》、举办冯梦龙杯"新三言"全国短篇小说大赛、举办"孙武智慧与冯梦龙《智囊》国际学术研讨会"等活动,将弘扬冯梦龙文化作为一项实事工程来抓,不能说不是一种文化的自觉和担当。

听寿宁的同志介绍,他们的上任县委书记也是非常不简单,移山建城,硬是在山顶上造出了一座新城,就是现在的县委县政府所在地。当地的老百姓甚至将他与冯梦龙相提并论。有的时候,物质的相对匮乏真的能够滋养出一些本来没有的豪情,反之,如果躺在功劳簿上,满足所谓的小富即安又将是另外一副局面。

行走寿宁,感受到的东西还有很多很多。这篇小文实在粗浅。

(作者为相城区委宣传部副部长)

学术动态

专家学者齐聚一堂
畅谈孙武智慧与冯梦龙《智囊》
——第二届"世界兵圣相城峰会"综述

相 宣

一个是"世界兵圣",一个是"中国通俗文学之父",当孙武碰见冯梦龙,当孙武智慧首次串联起冯梦龙《智囊》,将会擦出怎样的火花?2017年5月12日,第二届"世界兵圣相城峰会"——孙武智慧与冯梦龙《智囊》国际学术交流会等活动拉开帷幕,来自全球的孙武后裔代表、孙武和冯梦龙研究学者300多人齐聚苏州相城,一起聆听两位顶级智慧大师穿越千年重返相城的"隔空对话"。

孙武智慧首次串联冯梦龙《智囊》

2500多年前,春秋时期著名军事家、政治家孙武隐居在苏州城西南处的穹窿山,写下了伟大的军事理论著作《孙子兵法》,相城区更是成为孙武的归隐终老之地。

同时,人杰地灵的相城也是"中国古代白话小说先驱""中国通俗文学之父"的晚明著名文学家、戏曲家冯梦龙的故里。相城区的孙武纪念园和冯梦龙故居,将这两位重量级的智慧人物永远留在了这片神奇的土地上。

在2016年举办的第一届"世界兵圣相城峰会"上,来自蒙古、伊朗、斯里兰卡、新加坡等国家和地区的专家学者,与国内知名孙武研究学者、全球的孙武后裔代表200多人齐聚一堂,就孙武文化与"一带一路"进行专题研讨,引起全球孙武后裔的广泛关注和认同。

第二届"世界兵圣相城峰会"的主题为:孙武智慧与冯梦龙

《智囊》。据相城孙武研究会顾问韩胜宝介绍,孙武和冯梦龙,一位撰写了《孙子兵法》智慧书,一位撰写了《智囊》书。冯梦龙的《智囊》中,"兵智"部的部分内容与孙武的部分思想异曲同工。因此,2017年的峰会首次把孙武智慧与冯梦龙《智囊》串联起来,让两位大师穿越千年,隔空对话,具有很高的学术价值,将在兵学界产生积极的影响。

重量级嘉宾云集,激荡"思想盛宴"

值得关注的是,本届峰会着重突出国际化与学术性。相较首届峰会,时间上增加了半天,海外学者增加了一倍,会上学术交流的专家学者增加了三分之二。学者层次很高,国内有多位高级将领参会,他们不仅是孙子研究的顶级专家,也是冯梦龙《智囊》研究的大家。

周五下午的研讨会上,各位专家就"孙武智慧与冯梦龙《智囊》"展开了深入研讨并给予了高度评价。精彩的演讲和独到的见解,为与会者带来了耳目一新的"思想盛宴"和"文化大餐",整场研讨会,掌声不断,令人回味。军事科学院战争理论和战略研究部原部长、中国孙子兵法研究会原会长姚有志将军的《马克思主义先进文化与中国古典兵学大智慧》,中共中央办公厅老干部局原局长、毛泽东专职图书管理员徐中远的《毛泽东与〈智囊〉》,中国孙子兵法研究会原副会长、高级顾问吴如嵩少将的《试论冯梦龙军事思想的三个特征》等精彩发言观点新颖,让台下观众耳目一新。

在参会的境外学者中,既有世界上第一个把《孙子兵法》活用在现实生活中的女性学者严定暹,也有埃及开罗大学中文系原主任、知名孙子研究学者希夏姆·马里基等,他们带来的《破空而至的当代新贵——孙子兵法》和《孙子智慧在埃及军事上的运用》,从不同视角展现了孙武文化。

山东省委原常委、山东省军区原政委、《孙子研究》主编南兵军少将在其《"兵智"之根本乃战略智慧——浅论〈孙子兵法〉和〈智囊〉中的军事智慧》的演讲中指出:"这次苏州相城举办国际学术交流会,把孙武智慧和冯梦龙《智囊》联系在一起并作为学术交流的主题,显示出举办者传承孙子兵学文化、弘扬中华智慧的深谋远虑和智慧。"他认为,兵学智慧固然不乏谋略之策、诡诈之术和权宜之计,但那仅是它的表象和"术"的一面,其根本之处和深层次的"智",则是它的战略智慧,也就是我们常说的"大智慧"。

此外,峰会上还举行了《一带一路上的两位中国古代将军——孙武与郑和》一书的首发式和冯梦龙书籍首发式。

传统文化凝聚文化相城

孙武文化影响深远,享誉全球。在峰会上,苏州市委宣传部副部长陈雪嵘表示,举办第二届"世界兵圣相城峰会"是相城区乃至苏州市推动优秀传统文化走出江苏、走向世界的一大举措,意义重大。

近年来,相城区通过成立孙武研究会、建设孙武纪念园、出版《世界兵圣》书籍、举办"孙子兵法全球行"活动等多种方式,讲述孙武故事,传播孙武文化,取得了良好的社会反响。作为冯梦龙故里,相城还深入挖掘历史遗存,参与拍摄了电影《冯梦龙传奇》,通过各类现代演绎方式,深入传播优秀传统文化,弘扬社会正能量。冯梦龙与孙武也正逐步成为相城文化乃至苏州文化的金字招牌。

"相城同时走出了两位世界级智慧大师,这是十分丰富而宝贵的文化资源和智力资源,而如何将这些智力资源充分挖掘、有效转化,进一步打造'智慧之区',为相城建设'苏州新门户,城市新家园,产业新高地'提供精神动力和智力支撑是当下的重要课题,也是智慧之书经世致用的当代意义。"苏州市相城区人大常委会主任、相城区孙武研究会会长屈玲妮表示。相城将以此次世界兵圣峰会为契机,深入挖掘相城智慧宝库,为相城后发崛起提供精神动力和智力支持。

另据透露,2018年,相城还将举行全球华人华侨祭祀孙武活动,同时举行第三届"世界兵圣相城峰会"——孙武文化与世界华人华侨国际学术交流会。

2016年福建冯梦龙文化高峰论坛学术综述

齐建冯

由中国俗文学学会、北京大学传统文化发展基金、福建省社科联、福建江夏学院和福建省通俗文艺研究会联合主办的2016福建冯梦龙文化高峰论坛,于2016年11月26日在福州市大学城福建江夏学院召开。

北京大学中文系著名教授、《中国文学史》主编、中央文史研究馆馆长袁行霈会前听取大会主办方汇报后,专门向本次大会寄来题词。北京大学中文系教授,中国俗文学学会原副会长、顾问,著名民间文学研究专家段宝林作大会学术小结。福建师范大学中文系教授、古代小说专家齐裕焜对大会发言作了学术点评。

苏州是冯梦龙的故乡。苏州市冯梦龙研究会新任会长李彩男,苏州市冯梦龙研究会顾问、文化学者马汉民,苏州大学文学院教授徐国源专门组团到会交流。江苏省的苏州、南京、无锡均有学者来稿并参会。

主题明确,立意高远

福建省社科联党组书记、副主席,本次高峰论坛筹委会主任冯潮华在高峰论坛开幕式上指出:习总书记多年来曾在不同的场合十多次点赞冯梦龙;党的十八大后,习总书记又多次点赞冯梦龙。2016年,《人民日报》《光明日报》发表的《习总书记的文学情缘》中,有一大段话专门谈及冯梦龙和"三言"。习总书记既肯定冯梦龙"才高八斗,写了'三言'",又肯定他"为官一任,造福一方"。我们研究冯梦龙,就要学习习总书记的系列讲话精神和对冯梦龙的评述,深入挖掘冯梦龙文化的当代价值,使冯梦龙文化这个民族优秀传统文化中的瑰宝,在建立社会主义核心价值观、实现中华民族伟大复兴中国梦的历史进程中,发挥应有的作用。

与会者提出,我们在研究冯梦龙作品的同时,要逐步地、实事求是地还原冯梦龙坎坷曲折而又充满传奇色彩的一生,解开他一生中至今尚未被人解开的16个谜,即"身世之谜""入城之谜""科举之谜""青楼之谜""采风之谜""爱情之谜""转折之谜""社友之谜""编撰'三言'之谜""创作戏曲之谜""投身出版之谜""转而出仕之谜""四年寿宁之谜""八年退休之谜""反清复明之谜""魂归何处之谜"等,其目的是通过冯梦龙这个极具典型的人物,反映中国古代知识分子的心路历程,为中国现代知识分子实现人生价值提供借鉴和参考。这同样是挖掘冯梦龙文化的当代价值。

创新为本,不讲套话

本次福建冯梦龙文化高峰论坛是一次面向全国的冯梦龙研究盛会,收到来自北京,江苏苏州、南京、无锡,湖北,吉林,以及福建的福州、泉州、莆田、宁德、寿宁、古田等地发来的70多万字的稿件。经过评审,有42篇近30万字的稿件入选大会论文集。论文的共同特点是都有一些新见解或新材料,而不是只讲陈陈相因的老话。

在"法治文化"研究专题中,王凌等4位作者联合撰写的《冯梦龙宦寿司法实践和法制文化理念的当代价值》,第一次系统总结了冯梦龙宦寿司法实践的五大特色,概括了贯穿其中的四大法制理念,论证冯梦龙的宦寿司法实践及其法制文化理念,是中华民族优秀法制文化传统的一个生动体现,是司法领域里"古代文化与现代社会的契合点",应该加以继承和弘扬。论文还提出,继承和弘扬的关键是要对民族优秀文化传统进行"创造性转化,创新性发展"。

"生平解谜"研究专题中,王凌和程慧琴合写的长篇论文《冯梦龙及其家族入闽详考》引起了大家的广泛兴趣。该文梳理目前已掌握的资料,以冯梦龙3000万字作品中对自己经历的回忆为依据,第一次提出从明万历十七年(1589)到清康熙十八年(1679)的90年间,冯氏家族、亲戚中入闽的人员有沈儆炌、董斯张(及妻沈硕人)、冯梦桂(若木)、冯梦熊(非熊)、冯梦龙(及子冯焞)、冯六皆(冯梦桂孙)、冯勋(冯梦桂曾孙)等九人之多;提出冯梦龙在寿宁当知县时,带了他唯一的亲生儿子冯焞在身旁共同编书;论证1645年夏冯梦龙为抗清复明,从浙江台州到福州唐王手下为官,并编印出版了他一生中最后一部书——《中兴伟略》(唐藩刻本,署名为"七二老臣冯梦龙恭撰");论文还明确论证72岁高龄的冯梦龙此时因无法突破清军防线、北返苏州,最终死在福建的观点。

此外,南京博物院的研究人员在《淡墨幻出无声诗》中把冯梦龙的书画真迹(藏在南京博物院)及艺术特点展现在世人面前;湖北麻城的学者以当地研究者的身份把《冯梦龙与麻城人物交往考》详尽地介绍给读者;日本学者大木康的力作《冯梦龙在日本——影响与研究》,把日本文学界研究冯梦龙的最新动态向大会作了详尽介绍。

苏州市相城区及苏州市冯梦龙研究会、福建江夏学院、福建省寿宁县等代表相聚一堂,从理论和实际相结合的角度提供了冯梦龙文化推动社会经济发展的鲜活例子。苏州相城区屈玲妮和孙月霞联合撰写的长篇论文《冯梦龙与相城地方文化研究》,第一次系统推出相城区以冯梦龙为代表的地方文化名人群体,引人注目。苏州市冯梦龙研究会新任会长李彩男介绍了苏州市研究冯梦龙的新想法,给人以很大启发。福建江夏学院近年成立了全国高校第一个冯梦龙文化研究所并深入开展冯梦龙文化进高校活动,引人注目。

学术梳理,事理兼备

在冯梦龙研究的学术史梳理方面,段宝林、许怀中、陈侣白、徐国源、黄高宪、程慧琴等专家学者在大会宣读了《冯梦龙研究与中国俗文学学会》《王凌与冯梦龙研究》《冯梦龙研究与福建省通俗文艺研究会》《黄寿祺与冯梦龙研究》《文学报与冯梦龙研究》《薛汕与冯梦龙研究》《人大复印中心与冯梦龙研究》等系列论文,从不同角度梳理了"冯学"研究的发展历程和福建学者的贡献。

此次由福建省通俗文艺研究会冯梦龙研究委员会筹划、编撰和福建江夏学院设计与创意学院制作的"冯梦龙百年研究简史展"在福建江夏学院展出,受到热烈欢迎。这是至今为止全国第一个关于冯梦龙研究百年历史梳理和介绍的展览,它以近百张珍贵的图片资料,介绍了五四运动后开始的冯梦龙研究第一次大突破后,我国百年来研究冯梦龙的进展情况;突出介绍了改革开放三十多年来冯梦龙研究的第二次大突破,以及福建学者发挥的重要作用;介绍了1985年全国第一次冯梦龙研讨会(宁德举办)、1987年全国第二次冯梦龙研讨会(苏州举办)、1991年中国俗文学学会苏州学术会议(苏州举办)、1992年中国俗文学学会北京学术会议和2014年福建寿宁冯梦龙文化高峰论坛等重要会议。段宝林在本次大会开幕式上的发言中指出,从1982年到1992年的十年间,冯梦龙研究取得了大突破。从1993年到2012年的二十年间,虽然不断有关于冯梦龙研究的论文和专著出版,但突破性的研究成果较少。2014年11月,中国俗文学学会、北京大学传统文化发展基金、福建省通俗文艺研究会、宁德市宣传思想文化促进会和寿宁县传统文化研究会,共同在寿宁举办的2014寿宁冯梦龙文化高峰论坛(苏州市相城区及苏州市冯梦龙研究会派团参加),是全国冯学研究史上又一次具有突破性意义的大会。

段宝林在大会学术小结中认为,冯梦龙是推动中国古代文学走向现代化的开山大师,其文学成就堪与屈原、李白、杜甫、苏东坡、关汉卿、王实甫、施耐庵、罗贯中、曹雪芹、蒲松龄等相媲美,无愧为中国古代第一流的大作家。冯梦龙与薄伽丘、莎士比亚等世界著名作家相比亦毫不逊色。冯梦龙是中国文学史上最早走向世界的大作家。冯梦龙研究要让冯梦龙走向全国,走向世界!这些观点得到了与会者的广泛认同。

编 后 记

经过一年多的努力,《冯梦龙研究》第三辑如期与读者见面了!

这数年,随着"冯梦龙热"的到来,《冯梦龙研究》这个学术阵地也越来越受到学者和读者们的关注。许多专家响应"冯学"热点,除填补过往冯梦龙研究的许多"空白"外,还不断延伸研究领域,勾连古今,显现"冯学"的当代意义。

本辑发表的十多篇研究论文,既有徐中远、王凌、陈桂声、李静、董国炎、郑志良等先生的名家新作,也有致力于探讨冯梦龙作品的新锐论文,还有讨论地方文化传承发展的论文等。本辑我们还特约了两篇稿件,聚焦"乡贤文化",以期对当今乡村变革中的社会和文化建设有所助益。

我们期待这本以"冯梦龙"命名的出版物有更多的力作问世!

编　者
2017 年 6 月 5 日